新时代会计理论与实践创新系列专著

政府补助、企业财务绩效与行为额外性

鄢姿俏 著

格致出版社 上海人民出版社

前　言

　　政府补助是政府向企业提供的一项资金优势,用以推动和鼓励特定经济活动。政府补助的分配和使用中会受到多方因素的影响,造成不同类别政府补助配置效率的差异。鉴于此,本书在研究政府补助分类和超额政府补助度量的基础上,探讨了不同类别政府补助对企业财务绩效影响的差异,并从政府补助带来的行为额外性层面,分析了企业管理层和外部投资者对政府补助发放的行为反应。本书旨在探究超额政府补助中所蕴含的信息,为会计财务报告的使用者提供决策依据,同时也为中国补助政策的制定与监管提出建议。

　　本书以 2008—2012 年中国民营上市公司为样本,在综合考虑补助设计层面因素后,将政府补助划分为技术类、经贸类、扶持类、税务类和其他类补助,并根据宏观层面因素和微观企业特征构建超额政府补助模型,分别估计出了每家企业获取的各类别补助中的正常性政府补助和超额政府补助。

　　本书的主要工作与创新点在于:

　　第一,在基于资源配置效率视角对政府补助进行分类后,本书发现正常性政府补助有助于提升企业财务绩效,而超额政府补助对企业财务绩效有负面影响。本书的研究表明以往文献中政府补助对企业财务绩效的影响出现不同结论的原因,可能正是在于未能区分正常性政府补助和超额政府补助对企业财务绩效的不同作用。

　　第二,在基于政策视角对政府补助进行分类后,本书发现技术类政府补助的审批和监管更为严格,因此该项补助更有助于企业增强核心竞争力、提升财务绩效。

相对地,由于扶持类政府补助较为宽松的申请条件和事后监管,所以该项补助无助于企业财务绩效的增强。本书的结果弥补了以往研究中所欠缺的政府补助设计层面因素对企业财务绩效作用的分析。

第三,在基于资源配置视角和基于政策视角的政府补助交叉分类后,本书发现补助审批条件和监管力度的差异,导致了:超额技术类政府补助更多源于企业出众的实力,且其能进一步提升企业财务绩效;而超额扶持类政府补助更多来自寻租活动,且其对企业财务绩效有显著的负面影响。这意味着与源于企业出众实力而获得的政府补助相比,源于寻租活动的超额政府补助,是造成政府补助配置效率损失的主要因素。

第四,从政府补助的行为额外性角度,本书发现由寻租活动产生的超额政府补助,会增加以非效率投资和盈余管理为代表的管理层自利行为,也会使外部投资者向企业提供资金时要求更多的额外费用进行风险补偿。这一结果意味着由寻租活动产生的超额政府补助,会对企业管理层和外部投资者的认知和行为产生显著影响,这为不同类别政府补助的配置效率差异提供了来自补助行为额外性视角的有力解释。

本书通过构建实证回归模型,应用上述样本数据,对以上论点进行了逐一验证。在此基础上,本书认为政府相关部门应加强对补助决策流程的控制,加大对企业使用补助资金的监管力度,避免企业通过寻租活动获取超额政府补助的行为,以确保政府补助得到有效配置。

本研究获得国家社科基金青年项目《竞争中立原则下政府补贴机制调整与民营企业纾困研究》(课题编号:19CJY007)的支持。

目 录

1 绪 论

1.1 研究背景与研究内容

1.1.1 研究背景和研究意义

出于政治、经济和社会等多方面因素的考虑,各国政府常常给予企业补助以引导行业的发展或鼓励特定的经济活动(Bergstrom,2000)。由于政府补助的普遍性,很多文献分析了政府补助这一社会资源的配置效率。一些研究认为,政府补助作为各级政府影响企业经济活动的主要手段之一(Stigler,1971),能够有效实现促进企业创新、鼓励技术进步、扩大对外出口和增加就业机会等既定政策目标。因此,通过制定各类补助政策和确定补助发放对象及金额,各级政府可以运用补助的倾向性来引导企业发展,从而使由政府掌控的稀缺资源得到合理配置(Hamberg,1966;Demirguc-Kunt and Maksimovic,1999;Kandilov,2009;唐清泉和罗党论,2007;解维敏等,2009)。

另一些研究则认为在政府补助的配置过程中存在着错误配置和效率损失。Lach(2002)和 Zia(2008)分别对以色列政府的研发补助和巴基斯坦的出口补贴进行研究后,均指出虽然政府补助确实激励了研发、扩大了出口,但是对补助影响最敏感的小型企业和私人企业往往获取的补助却最少,这意味着大量补助错误分配的情况确实存在。部分学者对政府补助配置效率低下的原因进行分析后,认为政府补助在使资源向少数特定企业转移的过程中会受到多种因素的影响,例如受地方政府控制的企业和与政府官员有紧密联系的企业确实能够获得更多的补助(Chen et al.,2008;杨其静和杨继东,2010;余明桂等,2010)。这种借助特殊渠道获取政府补助的行为,在使与政府有亲密关系的企业轻松获取稀缺要素资源的同时,也使真正有创新、技改和出口等需要的企业无法获取相应资源,导致政府补助效率低下(顾元媛,2011)。

作为政府影响企业经济效益的主要工具之一(Stigler,1971),政府补助在中国的使用量大而面广。根据财政部发布的《2014 年全国科技经费投入统计公报》显示,2014 年国家财政科学技术支出达到 6 454.5 亿元,同比增长 4.4%,占当年国家财政支出的比重为 4.25%。同时,中国沪深两市 A 股市场中有 2 650 家企业在 2014年年报中披露获取了政府补助,在全部 A 股上市公司的占比高达 95%,计入当期损益的政府补助合计金额达到 921 亿元。2015 年 11 月中国共产党第十八届中央委员会在《关于制定国民经济和社会发展第十三个五年规划的建议》中提出要依据国家中长期发展规划目标和总供求格局实施宏观调控,完善以财政政策、货币政策为主,产业政策、区域政策、投资政策、消费政策、价格政策协调配合的政策体系。由此可见,政府补助政策在"十三五"期间将继续作为中国实施和达成宏观调控目标,推动新技术、新产业、新业态蓬勃发展的重要经济手段。与此同时,政府补助政策的针对性、准确性、协调性和透明性也成为需要政策制定者和监管者重点关注的方面。

然而,在政府补助政策的现实执行过程中,却存在着一系列的违规违纪套取补助资金的问题。在《国务院关于 2014 年度中央预算执行和其他财政收支的审计工作报告》中,审计署发现一些企业和个人采取伪造社保证明、签订虚假合同、虚报职工人数、重复申报等方式,骗取专项资金 12.6 亿元。在《审计署关于 2014 年度审计移送的重大违法违纪问题情况的说明》中也指出由审计移送的涉及重大违规违纪问题公职人员中大部分与其滥用权力、内外勾结相关,这些公职人员通过采取包装申报资料、操纵资产评估、攻关采购招标、搭桥巨额融资等手法,暗中支持或直接参与骗取各类补助资金。

由此可见,如果政府权力在行使过程中得不到有效的监管和约束,掌控补助发放决定权的政府官员便会在利益的驱动下使用手上对补助的支配权进行创租活动。当企业渴望得到这份由政府管制的稀缺资源时,便会通过寻租活动来实现

（Shleifer and Vishny，1994；Khalil et al.，2015）。

　　大量文献已经指出政府补助在使社会资源向少数特定企业转移时，转移的方向也会受到多方面因素的影响（Demirguc-Kunt and Maksimovic，1998）。在政府补贴政策的规定之外，政府补助的发放还取决于政府官员在对补助资源的日常管理中所作出的决策。例如，Cohen 和 Noll（1991）与 Wallsten（2000）认为，政府官员在决定补助发放时会出于自身利益的考虑，将补助给予那些即使不用向其提供补助也极有可能获得成功的企业，然后在这些企业成功之后将其成功的原因归功于此项补助，以期获得较高的政绩评价。因此，在补助资源的配置过程中，由于某些特殊原因，部分企业可能能够获取到超出正常水平的政府补助。

　　从超额政府补助的形成原因来看，一方面，由于政府补助所天然具备的倾向性，那些越符合政府宏观调控目标方向的企业和项目势必越会受到政府补助发放决策部门的青睐（Lee et al.，2014）。例如，中国国务院颁布的《国家中长期科学和技术发展规划纲要（2006—2020 年）》中提出的科技工作指导方针里就明确指出要"有所为、有所不为"，也就是要集中力量、重点突破，从现实的紧迫需求出发选择具有一定基础和优势、关系国计民生和国家安全的关键领域，着力突破重大关键技术。这意味着政府补助政策在兼顾全局的基础上，会重点支持那些有更为突出的项目质量和发展前景的企业。因此，这些特别优异的企业凭借其出众的能力和潜力极有可能获取到超出正常水平的政府补助。同时，这些超额政府补助的获取，能够极大地推动优秀项目的进行，使这些企业的绩效也处于相对更高的水平。

　　另一方面，为了获取到政府补助，不仅仅需要企业努力使自身条件达到补贴政策中的硬性标准，与掌控补助发放决定权的政府官员保持良好关系也是帮助企业获取补助的重要因素之一（Shleifer and Vishny，1994）。特别是在地方政府拥有较高自由裁量权的地区，企业与政府间的非正式联系对能否获取政治偏袒而言意义尤为重大（Calomiris et al.，2010）。

　　从地方政府的角度来看，政府补助是国家各级政府根据经济发展的需要，给予企业的财政捐助或者价格支持，政府提供补助的目的主要在于提供社会公共物品、促进就业、提高社会福利和保持社会稳定等（Wren and Waterson，1991；Jenkins and Jaynes，2006）。20 世纪 70 年代以来，中国在实施政府分权改革后，地方经济的发展程度直接关系到地方政府的财政收入和民生水平，同时也会影响到地方官员的政绩评价,因此地方政府有强烈动机发展繁荣本地经济(Young,2000)。给予作为市场经济主体的企业大量政府补助来增强企业实力,就成为了地方政府发展地区经济、提高政绩的重要手段之一。Sun(2000)认为,自从中国政府实施分权改制以后,为争取更多资源、实现地方经济利益最大化,地方政府有强烈的动机与当地企业建立积极的关系,并会采取包括政府补助在内的各种形式来保护支持本地企业。Chen 等(2008)认为在中国特殊的政治经济体制下,企业与不用层级的政府间存在着利益冲突与串通合谋,地方政府会通过向受控去他们的地方控股企业提供大量政府补助,来帮助这些企业提高收入来跨过配股和退市的监管门槛。

从企业的角度来看,政府官员对政府补助发放的对象、形式和数量等都拥有极大的自由裁量权,因此企业建立与这些政府官员的紧密联系可以使他们与政府之间的沟通更加及时有效,也就更有可能顺利通过政府的审批获取到补助(郭剑花和杜兴强;2011)。Johnson 和 Mitton(2003)的研究表明马来西亚政府对与总统有政治关联的企业存在着政治偏袒,政府会通过给予补助等方式为这些特定企业提供支持。陈冬华(2003)检验了在中央政府部门、地方政府部门和其他政府部门的董事对企业获取政府补助金额的影响,他发现企业聘用这些与政府有紧密关系的董事确实能够帮助企业获取到更多的政府补助。杨其静和杨继东(2010)也指出与地方政府有紧密联系的企业会得到更多的补助来使企业满足监管门槛、获得廉价的资源。Chen 等(2011)进一步验证了政治关联与政府补助的关系,他们发现,民营企业建立政治关联,有寻求产权保护与获取以政府补助为代表的政治利益这种双重目标,实证结果也表明政府补助是企业建立政治关联、进行寻租活动的重要收益之一。通过检验在市长更替过程中企业利用慈善捐赠构建新的政治关联的行为,Lin 等(2015)发现在中国利用进行慈善捐赠建立的政治关联确实可以增加企业在未来获取政府补助的可能性,也确实提高了获取政府补助时的具体数额。

由此可见,通过建立诸如政治关联等特殊方式,企业确实可以获得特殊的政治庇佑,从而能够比其他企业更容易得到以政府补助为形式的政治偏袒。同时,由于民营企业缺乏国有企业与政府间的天然裙带关系,这种特殊渠道的影响在民营企业获取补助的过程中更为显著(Chen et al., 2011)。魏志华等(2015)检验了企业管理费用中的业务招待费对获取补助的帮助,他们发现企业获取的政府补助与业务招待费之间存在着显著的正相关关系,并且这种寻租活动对补助的影响在民营企业中更加显著。这样的结果表明中国的上市企业,特别是民营企业,确实可以通过寻租活动来获取更多的政府补助。

因此,形成超额政府补助的另一可能因素就是企业与掌握补助发放权的政府官员之间的紧密关系。通过企业和官员间的双向寻租活动,某些企业就有可能能够获取到超过正常水平的政府补助(Johnson and Mitton,2003;Chen et al.,2008;Lin et al.,2015)。

政府补助这种大量公共资金的使用是否能够带来显著的经济效益,是历来被学术界所重视、也是政府的政策制定者最为关心的问题之一。那么,这类使社会资源更为集中地向某些特殊企业转移的超额政府补助,是否能够改善企业绩效呢?这可能取决于超额政府补助的形成原因。

如果超额政府补助,被正确地配置给那些拥有优质项目的企业,来鼓励他们不要因溢出效应的存在而出现投资不足问题,那么即使这项活动产生的部分收益会被企业以外的单位所获取,受助企业的业绩表现也依然应该是处于相对较优的水平。同时,这样的政府补助配置机制也能够向外部投资者传递出关于企业的有益信号,有助于这些企业更易获取外部资金,保证企业能够较快成长(Lerner,1999;Feldman and Kelley,2006;Takalo and Tanayama,2010;Kleer,2010)。换言之,如果超额政府补助的形成,是源于政府补助对更加符合政府宏观调控目标方向的企业和项目所天然具备的倾向性,那么这些特别优异的企业凭借其出众实力所获取到的超额政府补助,能够极大地推动优秀项目的进行,使这些企业的绩效也处于相对更高的水平。

然而,如果政府是出于与企业间的特殊关系,动用公共资金,对特定企业给予政府补助,这种违背资金分配市场原则的行为,会使这部分公共资源的运用背离价值最大化目标。一旦政府官员被特殊利益团体所俘获,那么他便只是私人利益集团驱动下的被动政策实施者,他所作出的决策并不会完全出于最大化社会整体福祉的目的,政府补助发放的结果最终也会损害公众利益而使这些特殊利益团体受益(Peltzman,1976;Becker,1983)。Faccio 等(2006)以 40 个国家的公司为样本研究后发现,在陷入财务困境并接受政府救助后的两年中,通过政治关联获取到政府补助企业的财务业绩,显著低于处境相同的非政治关联公司。这些政府补助对企业业绩的提升并没有显著效果,也不能很好地实现引导和激励企业发展的作用。

究其原因，一方面，如果政府在作出补助发放与否的决定时，更多是出于各种关系的考虑，而非政策标准的衡量，这些借由特殊渠道获取的额外补助，可能会被缺乏扶持价值、也缺乏有效利用这项资源能力的企业获取。这是因为已陷入困境的企业自身经营能力和财务状况存在极大的局限，在仅仅依靠自己难以摆脱困境的情况下，他们更有动机建立与政府间的特殊关系，并通过这些渠道来获取政府补助（Faccio，2010）。这就会导致建立特殊渠道试图获取政府补助的企业中，更多的会是原本自身条件就较差的企业，即"柠檬企业"。这类企业在获取政府补助以后，并没有能力将政府的短期扶持转化为企业长期绩效的提高，也无力承担更多的政策性负担，使得这部分政府补助的给予既不能帮助企业提高经营业绩，也无法增加企业的社会效益，从而导致公共资源的错误配置。

另一方面，这类超额政府补助为管理层攫取个人私利提供了手段和途径，会引起企业管理层更为严重的道德风险问题。通过建立与政府官员间的特殊联系，企业能获得来自这些政府官员的特殊庇护，使他们的违规行为免于遭受政府监管部门的处罚（Correia，2014）。这种补助管理部门事后监管的缺位，会使得企业作为补助使用方在处置和使用这笔补助时拥有极大的信息优势，企业管理层便有机会利用这笔额外的资金流入进行最大化自身利益的机会主义行为，例如进行过度投资、盈余管理，或者降低自身的努力程度等（Roseackerman，1987；Bergstrom，2000；Andreoni and Payne，2011；Hughes et al.，2014）。罗宏等（2014）认为政府补助作为计入非经常性损益下的营业外收入，可以被企业管理层作为谋取私利的工具，通过对这一能够显著影响会计盈余的外生变量的操纵，管理层可以借机获取超额报酬。因此，企业管理层有极强的动机不遗余力地用尽方法来获得政府补助，再通过补助对企业利润的修饰和调节来谋取超额薪酬。当管理层致力于使用这笔资金为自己谋取私利时，最终结果只会是管理层个人私利的增加，而无法从实质上改善企业绩效、提高社会效益。

由此可见，企业为了自身利益的最大化，而试图通过某些特殊途径（例如建立政治关联）获取的超过正常水平的补助，可能正是导致政府补助效率损失的重要因素之一。

政府补助政策的确定从根本上来讲源自中央政府大政方针所指明的方向，从具体设计和执行来讲则是受控于各补助主管部门进行的规划调研。在中国现行的补助政策中，根据补助主管部门的行政职责和目标的不同，受助对象、申请条件、审批流程与事后监管力度都不尽相同。对于申请门槛较低、条件更为宽松、流程更为简单的政府补助,政府官员在作出发放决策时的自由裁量权更大,因此这类政府补助更容易成为企业寻租活动的目标(Lee et al., 2014)。因此,这种来自政府补助本身设计层面的差异会使得不同类别超额政府补助的主要形成原因存在显著区别,导致它们对企业业绩的影响也存在明显差异。

政府补助不仅会影响到企业的财务绩效,它的获取还会对企业管理层与外部投资者的行为产生影响。

在政府补助对企业管理层行为的影响方面,首先,在以政府补助为目标的寻租活动中,通过建立与掌控政府补助发放权力的政府官员之间的紧密联系,让官员在对资助对象的申报和评审时,酌情放宽条件、予以关照,是提高企业获取政府补助的可能性、增加取得的补助金额的有效途径,而这种亲密关系的建立,高度依赖于企业管理层的社会关系网络(Wu and Cheng, 2011;Lee et al., 2014)。因此,当企业管理层通过动用自身的人脉关系和社会资源,颇费周章地利用人情往来获取更多的政府补助时,他们也便有了更强的动机去使用由他们为企业带来的额外资金流入,来达成对自己有利的目标。其次,能够被寻租活动所俘获的政府补助,其自身薄弱的监管机制也为企业管理层的利己行为提供了更多的机会。企业靠寻租活动获取的超额政府补助,因为受到政府部门的监管约束较小,便会使得管理层有更多的机会谋求私利,道德风险问题更为严重。同时,通过建立与政府官员间的特殊联系,企业还能获得来自这些政府官员的特殊庇护,使他们的违规行为免于遭受政府监管部门的处罚(Correia, 2014),使其管理层可以更加肆无忌惮地进行为自己谋取私立的行为。此外,超额政府补助作为额外的大量自由资金流入,也为企业管理层进行机会主义行为提供了操作空间。

由此可见,如果通过寻租活动获取到了超额政府补助,那么企业管理层便有更强的动机、更多的机会,以及更大的操作空间,来实施为自己谋取私利的机会主义行为。随着道德风险上升,企业管理层过分追求企业规模,为了谋求私利可能会进行过度投资,甚至投资于净现值为负的大风险项目中,导致企业整体投资效率降低(Chen et al., 2011),最终对企业绩效带来不利影响。同时,企业管理层也可以运用政府补助这种便于进行利润操纵的外生变量,进行有利于自己的盈余管理,谋取更多的薪酬或是降低自己的努力程度,使企业整体利益遭到损害(罗宏等,2014;步丹璐和王晓艳,2014)。

在政府补助对外部投资者行为的影响方面,如果政府在作出补助发放与否的决定时,更多是出于各种关系的考虑而非政策标准的衡量,那么获取到超额政府补助的,更多的会是原本自身条件就较差的"柠檬"企业(Faccio,2010)。因此,超额政府补助的存在,会使得企业与外部投资者之间的信息不对称程度加剧,同时也增加了外部投资者的信息处理成本,从而会导致市场出现更为严重的逆向选择问题。由于越多的超额政府补助,暗示着越大的企业和投资者之间的信息不对称程度,外部投资者向这类企业提供资金时便会要求更多的额外费用进行风险补偿,造成企业资本成本的上升。

鉴于此,本书以中国民营上市公司为样本,通过考察不同类别政府补助对企业财务绩效的影响,力求回答以下问题:第一,不同类别政府补助对企业财务绩效的影响是否存在差异? 第二,企业管理层对政府补助发放的行为反应是什么? 第三,外部投资者对政府补助发放的行为反应是什么? 在综合分析以上问题之后,本书最终期望探究出超额政府补助中到底蕴含着怎样的信息。

本研究的意义在于:第一,从理论意义来看,本书以对政府补助的分类与超额政府补助的度量为起点,探讨了不同类别的政府补助对企业业绩的影响差异,并从理论分析和实证检验中研究了这种差异的成因,在此基础上深入探究了不同类别政府补助的资源配置效率差异问题。同时,本书还从企业非效率投资、盈余管理和资本成本等方面,研究了在获取超额政府补助以后企业管理层与外部投资者对补助发放的行为反应,进一步扩展了政府补助的行为额外性研究。第二,从现实意义看,通过对不同类别政府补助对企业财务绩效影响的差异及其成因的分析,为中国政府补助政策的制定与监管提出了建议。同时,通过对超额政府补助中蕴含信息的分析,为会计财务报告的使用者利用政府补助数据进行相关决策提供了依据。

1.1.2 研究内容和方法

本书在对国内外政府补助相关文献进行梳理之后,首先对本研究的理论基础和制度背景进行了分析,随后采用规范分析和实证检验相结合的研究方法,对政府补助的分类与超额政府补助这一概念的提出以及度量进行了说明。接着,本书通过检验各类别超额政府补助对企业财务绩效的影响,深入分析差异产生的原因,探究不同类别政府补助的资源配置效率差异问题。在此基础上,文章进一步从企业管理层和外部投资者对政府补助发放的行为反应角度,检验获取超额政府补助的企业是否存在投资效率的下降、盈余管理行为的增加,以及资本成本的上升等问题。最后,本书综合以上实证检验结果,深入剖析超额政府补助中到底蕴含着怎样的信息,为会计财务报告的使用者利用政府补助数据进行相关决策提供依据,并为中国政府补助政策的制定与监管提出建议。图 1.1 列示了研究的逻辑路线图:

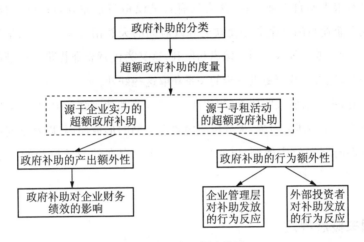

图 1.1 研究逻辑路线图

1.1.3 研究对象的界定

本书的研究对象是中国的民营上市公司。之所以将研究对象锁定于民营企业,是因为国有企业所天然具有的与政府的亲密关系本身,会影响政府补助获取。虽然近年来中国政府大力推行着市场化改革,但是作为从计划经济转轨到市场经济的国家,国有企业在中国经济发展中依然有着举足轻重的作用。由于国有企业与政府之间的天然裙带关系,加之中国国有企业往往承担着稳定就业、发展地方经济等各级政府给予的政治目标,因此政府部门在发放补助时会向国有企业倾斜,导致国有企业获取的政府补助显著高于民营企业(Lee,2001;O'Connor et al.,2006;孔东民等,2013;Lee et al.,2014)。因此,国有企业获取的超额政府补助也难以区分到底是由于国有企业本身的股权性质还是其他因素产生的。

与国有企业不同,民营企业与政府之间没有直接的联系,获取政府补助的途径除了依靠自身实力达到政策标准外,就是建立与掌控补助发放权的政府官员间的隐性联系。相较与政府存在直接的所有权联系的国有企业而言,中国民营企业有极大的意愿去建立政治关联。一方面,由于中国的市场化水平较低、制度规章不够健全,使得民营企业的产权难以得到有效保护,企业发展所需的资金与生产要素也难以获得,因此民营企业有动机与政府建立政治关联,凭借政治保护克服在市场中的劣势地位、规避制度风险。另一方面,由于中国法律制度对地方政府的财政支配没有明确的限制和约束,国家政策不够公开透明,地方政府在决定向企业给予政府补助时具有很大的自由裁定权,这为政府官员设租与企业寻租提供了很大空间。而中国民营企业与国有企业相比缺乏和政府间的天然裙带关系,无法享受国有企业在融资、行业准入等各方面的优惠和便利,这又为民营企业提供了强烈的动机建立政治关联,凭借与政府更近一步的关系获取这些好处。

鉴于此,本书借鉴余明桂等(2010)以及郭剑花和杜兴强(2011)等学者的做法,选取民营企业作为研究对象,来分析超额政府补助的形成原因,以及不同成因下超额政府补助的配置效率问题,以避免国有企业中存在的与政府间的股权关联的影响。

1.2 相关概念界定

1.2.1 政府补助

学术界一直把政府补助的定义视为一个复杂的问题,特别是政府补助往往和税收体系有较强的交叉性(Ricketts,1985)。Robinson(1967)将政府补助定义为政府给予特定生产者的现金支付,以及免费或低于市场价格提供中间产品或服务。Prest(1976)认为对于政府补助的定义很难形成一个简洁的通用定义,他提出了一个他认为相较而言较优的定义:"政府补助是一种直接影响相对价格的支付"。Shoup(1973)提出了一个获得学术界广泛认同的定义,他认为政府补助是政府向企业提供的一项资金优势,并且这项资金优势来自政府以增加或减少某项特定产品、服务或生产要素的售价、销量或使用量为目标,向企业购买或出售商品、服务或生产要素,或者向企业提供信贷支持。Lehner 等(1991)在回顾欧洲国家颁布的多项政府补助后,对政府补助的定义进行了更进一步的阐述。他们认为一项政府补助需要满足以下条件:(1)它来自政府部门的转移支付,并且这项转移直接或间接地使企业受益,同时会引起政府支出或收入方面的直接预算成本;(2)获取方处于政府行政部门之外;(3)政府不会因此项转移获得等额的补偿;(4)它的使用目的是通过改变相对价格来鼓励或抑制某项经济行为,来影响市场过程的预期结果;(5)它包含了一定的特异性,使得它是对特定经济主体或者特定产品、服务或生产要素的生产者的拨付。

在世界贸易组织的《补贴与反补贴措施协定》(简称《SCM 协定》)中,将补贴定义为一国政府与公共机构以直接或间接的方式,向生产者或出口商提供财政资助、收入或价格支持,及各种优惠待遇。《补贴与反补贴措施协定》中将以下几种财政资助定义为存在补贴:(1)涉及资金的直接转移(如赠款、贷款和投股)、潜在的资金或债务的直接转移(如贷款担保)的政府做法;(2)放弃或未征收在其他情况下应征收的政府税收(如税收抵免之类的财政鼓励);(3)政府提供除一般基础设施外的货物或服务,或购买货物;(4)政府向一筹资机构付款,或委托或指示一私营机构履行以上列举的一种或多种通常应属于政府的职能,且此种做法与政府通常采用的做法并无实质差别。在中国 2006 年颁布的《企业会计准则第 16 号——政府补助》中将政府补助定义为企业从政府无偿取得的货币性资产或非货币性资产,但不包括政府作为企业所有者投入的资本。同时,中国上市企业也是按照此项准则的规定,在会计报表中确认与列示补助金额。鉴于本书实证检验中的数据来源于企业年报附注信息,因此,本书使用《企业会计准则第 16 号——政府补助》中的定义来界定政府补助。

1.2.2 超额政府补助

政府进行补助的发放会使社会资源向少数特定企业转移,然而转移的方向却会受到多方面因素的影响(Demirguc-Kunt and Maksimovic,1998)。因此,在补助资源的配置过程中,由于某些特殊原因,部分企业可能能够获取超出正常水平的政府补助,即超额政府补助。

政府补助作为各国政府广泛采用的一项功能性政策,其根本目的在于缓解市场失灵问题。在政府补助的配置过程中,一方面,由于政府补助所天然具备的倾向性,那些越符合政府宏观调控目标方向的企业和项目,势必会受到政府补助发放决策部门的青睐。例如,中国共产党中央委员会在十三五规划建议中有关创新发展的部分指出,在构建普惠性创新支持政策体系的基础上,要集中支持事关发展全局的基础研究和共性关键技术研究,加快突破新一代信息通信、新能源、新材料、航空航天、生物医药、智能制造等领域核心技术。另一方面,政府在发放补助时对那些具有出众水平的企业和项目也更加青睐有加。例如在中国政府对新产品的支持政策中,明确将新产品划分为重点新产品和战略性创新产品两类,其中规定战略性创新产品在满足新产品要求的前提下,其技术水平必须达到国际先进,是能代表中国自主创新能力和水平的标志性产品,并且政府对战略性创新产品的扶持力度也高于重点新产品。由于我国政府补助政策在兼顾全局的基础上,会重点支持那些有更为突出的项目质量和发展前景的企业,所以这些特别优异的企业凭借其出众的能力和超常的潜力,极有可能获取到超出正常水平的政府补助。

政府补助的发放在受到补贴政策的影响之外,同时还取决于政府官员在对补助资源的日常管理中所作出的决策。因此,为了获取到政府补助,不仅仅需要企业努力使自身条件达到补贴政策中的硬性标准,与掌控补助发放决定权的政府官员保持良好关系也是帮助企业获取补助的重要因素之一。在 Lee 等(2014)对山东一位企业家的访谈中,这位企业家也明确指出如果地方政府有预算限制,那么相对于与政府间没有紧密关系的企业来说,有政治关联的生产商有更大的可能性拿到政府补助。通过对中国地方政府领导人更迭过程中企业利用慈善捐赠构建政治关联行为的考察,Lin 等(2015)发现,企业获得的政治关联不仅能够增加企业在未来获取政府补助的可能性,而且从数量上来讲也能获得更大的政府补助金额。由此可见,通过建立诸如政治关联等特殊方式,企业确实可以获得特殊的政治庇佑,从而能够比其他企业更容易得到以政府补助为形式的政治偏袒。同时,由于民营企业缺乏国有企业与政府间的天然裙带关系,这种特殊渠道的影响在民营企业获取补助的过程中更为显著。

鉴于此,本书将超额政府补助定义为,相对于正常的政府补助水平,企业获取到的额外补助。正常的政府补助水平指的是处于同一宏观经济环境中,拥有相似的经营业务水平的同行业企业所能获取到的平均政府补助额。具体而言,本书将政府补助总额(TGS)分为正常性政府补助(NGS)和超额政府补助(DGS)两部分,并定义超额政府补助为政府补助总额与正常性政府补助之差。其中,政府补助总额为企业当年实际获取到的政府补助数额;正常性政府补助为综合考虑政府财政实力等宏观经济因素以及企业财务特征等微观层面因素之后,在正常情况下预计企业可能获取到的政府补助金额;超额政府补助则是由企业超常的项目优势或企业与政府官员间的寻租活动而获取到的,超出正常水平的政府补助金额。

1.2.3 政府补助的产出额外性

政府补助作为一种对大量公共资金的使用,它能够带来显著的经济效益是历来被学术界所重视也是政府的政策制定者最为关心的问题之一。政府补助的产出额外性(output additionality)正是关注了补助政策的这一项经济后果,即这项公共资金的给予能够带动多少企业的额外产出。这里的产出可以是企业的专利和新产品等直接的实物产出的增加,也可以是企业价值、利润率、生产率或周转率等企业业绩指标的提高(Clarysse et al.,2009)。Georghiou(2002)将补助政策的产出额外性定义为,有或没有此项补助时,企业从某项活动获取的产出的差额。

本书重点关注了政府补助对企业财务绩效这一产出变量的影响。由于中国2006年颁布的企业会计准则中规定与收益相关的政府补助在确认相关费用时计入当期损益,与资产相关的政府补助在资产使用期内分期计入当期损益,因此,企业获取的政府补助在很大程度上会直接引起企业净利润的变化。为了避免计入利润的政府补助对企业业绩的影响(孔东民等,2013),本书使用扣除非经常性损益后的总资产收益率,作为衡量企业财务绩效的主要指标。考虑到本书结果的稳健性,在后续研究中也使用了扣除非经常性损益前的总资产收益率、扣除非经常性损益后的总资产收益率变化率、营业成本率、销售毛利率和扣除非经常性损益后的净资产收益率进行了分析。

1.2.4 政府补助的行为额外性

政府补助的行为额外性(behavioural additionality)这一概念最早是由 Buisseret 等(1995)提出的,目的在于完善已有研发补助相关文献中将研发补助的经济后果仅仅划分为投入额外性(input additionality)和产出额外性(output additionality)的做法。他们认为研发补助的作用不仅仅会影响到企业的投入和产出变量,补助这一政策工具的运用同样会对企业当时或其后的行为产生影响。因此,Buisseret 等(1995)将这种由于政府政策工具的使用造成的企业行为变化,称为政府政策工具的行为额外性。Georghiou(2002)也认为在投入额外性和产出额外性之外,行为额外性往往被研究者所忽略,而事实上一项激励政策的影响可能并不在于改变企业是否进行此项项目的决定,而在于改变企业在实施这个项目中的方式,例如在项目实施过程中企业是否会增大投资规模、是否会加快项目进程等。Falk(2007)对行为额外性的概念进行了更深一步的阐述,他将行为额外性细分为了范围额外性(scope additionality)、认知能力额外性(cognitive capacity additionality)、加速度额外性(acceleration additionality)、挑战额外性(challenge additionality)、网络额外性(network additionality)、追踪额外性(follow up additionality)和管理额外性(management additionality)等。Autio 等(2008)也将传统的政府政策投入额外性和产出额外性统一称为一阶额外性(first-order additionalities),而将如企业的学习行为等行为额外性称为二阶额外性(second-order additionalities)。

需要强调的是,目前学术界对不同形式的政府补助行为额外性之间的区别并没有统一的界定和划分。因此,在本书的研究中,将政府补助的行为额外性这一概念界定为由政府补助政策的实施引起的企业行为和其他利益相关者行为的变化。

具体来说,本书在政府补助引起的企业管理层行为额外性方面研究了政府补助对企业管理层非效率投资行为和盈余管理行为的影响。在完美市场下,企业的投资行为只与投资机会相关(Modigliani and Miller,1958;Yoshikawa,1980;Hayashi,1982)。然而由于信息不对称情况下道德风险问题的存在,企业管理层可能会为了最大化自身利益进行非效率投资(Jensen and Meckling,1976)。在本书中,对"非效率投资"的定义为,管理层为了谋取私利投资于净现值为负的大风险项目中的行为。盈余管理则是指企业管理层出于特殊原因的考虑而对会计政策进行的有目的选择,使会计盈余向符合自身利益的方向调整的行为。

本书在政府补助引起的外部投资者行为额外性方面,则主要分析了,在外部投资者向企业做出提供资金的决策时,政府补助带来的影响。政府补助在通过直接的资金提供来扶持具有较强外部性的项目以缓解市场失灵问题之外,另一重要作用是向市场传递出信号,降低内外部投资者之间的信息不对称问题,从而影响外部投资者在向企业作出融资决策时资本成本和资金数量的确定。在本书中,主要通过分析政府补助对企业资本成本和借款数额的影响,来探究政府补助引起的外部投资者行为额外性。

1.3　研究框架

本书分为七章,研究框架如图 1.2 所示:

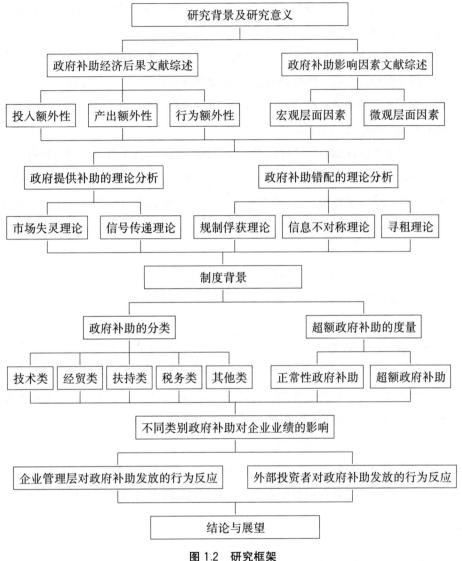

图 1.2 研究框架

各章主要内容如下：

第1章为绪论。本章对本书的研究背景及研究意义，研究内容及研究方法以及相关概念进行了阐述和说明，列示了本书的研究框架。

第2章为文献回顾与述评。本章对国内外有关政府补助所带来的经济后果和政府补助分配过程中的影响因素两个方面的研究文献进行回顾与述评。在政府补助所带来的经济后果研究文献中，分别为政府补助的投入额外性、产出额外性和行为额外性进行回顾。政府补助分配过程中的影响因素研究文献中,分为微观层面因素和宏观层面因素两个方面进行述评。

第3章为理论基础与制度背景。本章从市场失灵理论与信号传递理论两个方面来分析了政府向企业提供补助的动机,从规制俘获理论、信息不对称理论与寻租理论给出了政府补助的分配和使用中所面对的扭曲行为的理论解释,并介绍了我国政府补助的制度背景和现状。

第4章为政府补助的分类与超额政府补助的度量。4.1节详细介绍了将政府补助分为技术类政府补助、经贸类政府补助、扶持类政府补助、税务类政府补助和其他类政府补助的分类原理。4.2节介绍了超额政府补助的估计模型与具体计算方法,并在对政府补助进行分类的基础上,估算了每个类别的正常性政府补助与超额政府补助。

第5章为不同类别政府补助对企业业绩的影响。本章在对政府补助分类的基础上,实证检验了各类别正常性政府补助和超额政府补助对企业财务绩效的影响,并进一步探讨了不同类别政府补助对企业业绩影响差异的形成原因。

第6章为企业管理层与外部投资者对政府补助发放的行为反应。本章从政府补助带来的行为额外性的角度,继续研究企业管理层对政府补助发放的行为反应与外部投资者对政府补助发放的行为反应,并借此探讨政府补助对企业业绩产生影响的作用机理,以及由不同原因产生的超额政府补助在这个过程中所扮演的角色。

第7章为结论与展望。本章在对全书进行总结的基础上提出了政策建议,指出了本书的主要创新之处和可能的贡献,并就本书的研究局限以及未来的研究展望进行了探讨。

1.4　研究的主要创新

本书主要的创新点和可能的贡献体现在以下几点:

第一,在基于资源配置效率视角对政府补助进行分类后,本书发现正常性政府补助有助于提升企业财务绩效,而超额政府补助对企业财务绩效有负面影响。本书创新性地提出了超额政府补助的概念,实现了基于资源配置效率视角的政府补助的重新分类,并构建了正常性政府补助的估计模型,将超额政府补助定义为政府补助总额与正常性政府补助之差,从而解决了超额政府补助的度量问题。

在这一分类和度量方法下,本书进一步比较了正常性政府补助与超额政府补助对企业业绩的影响差异,研究表明以往文献中政府补助对企业财务绩效的影响出现不同结论的原因,可能正是在于未能区分正常性政府补助和超额政府补助对企业财务绩效的不同作用。

第二,在基于政策视角对政府补助进行分类后,本书发现技术类政府补助的审批和监管更为严格,因此该项补助更有助于企业增强核心竞争力、提升财务绩效。相对地,由于扶持类政府补助较为宽松的申请条件和事后监管,所以该项补助无助于企业财务绩效的增强。

本书在综合考虑了政府补助资助对象的外部性大小、溢出效应强弱、政府补助的发放是否能够提供鉴证作用以及补助的政策属性等因素之后,将政府补助分为了技术类政府补助、经贸类政府补助、扶持类政府补助、税务类政府补助和其他类政府补助,从而为探寻不同类别政府补助如何影响政府补助资源配置效率的问题提供了创新性的研究路径。通过对各类别政府补助经济后果的检验,本书发现不同政府补助之间的既定目标、受助对象、审批条件和监管要求存在的显著差异,会对政府补助的配置过程产生影响。本书的结果弥补了以往研究中所欠缺的政府补助设计层面因素对企业财务绩效作用的分析。

第三,在基于资源配置视角和基于政策视角的政府补助交叉分类后,本书发现补助审批条件和监管力度的差异导致了超额技术类政府补助更多源于企业的出众实力,且其能进一步提升企业财务绩效,而超额扶持类政府补助更多来自寻租活动,且其对企业财务绩效有显著的负面影响。这意味着与源于企业出众实力而获得的政府补助相比,源于寻租活动的超额政府补助是造成政府补助配置效率损失的主要因素。

本书进一步对各类别政府补助区分其正常性和超额性,实现了基于资源配置视角和基于政策视角的政府补助的交叉分类。这一创新性的研究路径不仅在解释各类政府补助效率差异方面具有重要的学术价值,而且对进一步优化政府补助的资源配置效率提供了可靠的政策依据。

第四,从政府补助的行为额外性角度,本书发现,由寻租活动产生的超额政府补助,会增加以非效率投资和盈余管理为代表的管理层自利行为,也会使外部投资者向企业提供资金时要求更多的额外费用进行风险补偿。这一结果意味着由寻租活动产生的超额政府补助,会对企业管理层和外部投资者的认知和行为产生显著影响,这为不同类别政府补助的配置效率差异,提供了来自补助行为额外性视角的有力解释。

2 文献回顾与述评

本章对国内外有关政府补助所带来的经济后果和政府补助分配过程中的影响因素两个方面的研究文献进行回顾与述评。在政府补助所带来的经济后果研究文献中,本书将其分为政府补助的投入额外性(input additionality)、产出额外性(output additionality)和行为额外性(behavioural additionality)进行回顾;政府补助分配过程中的影响因素研究文献中,本书将其分为微观层面因素和宏观层面因素两个方面进行述评。

2.1 政府补助的经济后果文献回顾

政府向特定企业提供补助的理论依据来自市场失灵理论(Nelson,1959;Arrow,1962)。如果企业某项活动或某类产品具有较大的正外部性,那么由于溢出效应的存在,将导致私人收益低于社会效益,从而使得这些具有正外部性的活动在由私人投资驱动时会被抑制,导致市场失灵。因此,政府需要通过适当手段进行干预以保证这些活动的正常进行,弥补这类活动中的私人投资不足问题。向这类企业提供政府补助,正是能够有效缓解市场失灵问题的重要经济手段之一。然而,在理论基础之外,政府的政策制定者还需要大量的实证证据,来验证这种大量公共资金的使用是否能够带来显著的切实收益。这种现实需求催生了学术界对政府补助经济后果的研讨。在本节中,将从政府补助带来的投入额外性、产出额外性和行为额外性三个方面来回顾政府补助经济后果的研究文献。

2.1.1　政府补助的投入额外性

从缓解市场失灵问题的角度(Arrow, 1962),最传统的对政府补助有效性的探讨途径是分析补助政策对投入额外性的影响,即一项补助政策的实施是否能够带动对这项活动的私人投入的增加(Metcalfe and Georghiou, 1998)。

在对补助政策投入额外性的研究中,最为核心的问题是分析政府补助到底具有挤出效应还是激励效应。具体而言,这类研究着重于回答以下两个问题:(1)政府的公共资金支持是否能带动这项活动的私人投入;(2)如果能够增加私人投资,那么这个增加额是否能够大于这笔公共资金的支出。换言之,一项补助政策是否有效,取决于每一元政府补助的提供,能不能拉动多于一元的私人投资增加额(Georghiou, 2002)。如果这项补助政策能够拉动多于补助本身的私人投入,那么它具有激励效应。如果获取这项补助的企业会加大投入,但增加额小于补助额,那么这项补助具有部分挤出效应。如果这项补助政策会完全替代私人投资,无论是否提供这项补助企业对这项活动的总投入是相同的,那么它具有完全挤出效应。在这样的情况下,这项政府补助就被错误配置了。近年来,在探讨政府补助与企业投入关系的研究中,既有文献支持了政府补助的激励效应(Khwaja et al., 1995),也有文献表明政府补助对研发投入存在着挤出效应(Wallsten, 2000)。接下来,本书将政府补助投入额外性的研究分为激励效应和挤出效应两类进行回顾。

1. 激励效应

在政府补助对私人投入的激励效应研究中,多位学者用不同国家的数据检验了研发补助是否能拉动企业私人投入。Lach(2002)对以色列企业的研究发现,以色列政府工业部门和贸易部门给予的研发补助,极大地刺激了小企业的公司研发支出资金,但是对大企业研发支出的增长却没有显著作用。在规模较小的企业中,平均每一新谢克尔(以色列货币单位)的补助可以激励企业拿出额外的 11 新谢克尔用于研发;在规模较大的企业中,每一新谢克尔的补贴平均只带来了额外的 0.23 新谢克尔的企业研发支出资金。尽管如此,Lach(2002)却发现在以色列规模较大的企业获取了绝大多数的研发补贴,从这个意义上来讲,这些补助的配置过程中出现了效率损失。

Gonzalez 等(2005)和 Gonzalez 和 Pazo(2008)研究了西班牙制造业企业中研

发补助对私人研发投资的影响,他们并没有发现在西班牙的研发补助中出现了完全挤出效应或是部分挤出效应。相反,他们发现,如果政府不向小企业或低技术水平行业内的企业提供补助,那么这类企业可能根本不会进行研发活动。因此,政府补助的激励效应在小企业和低技术水平行业内的企业中更有效。

Wolf 和 Reinthaler(2008)从经合组织国家企业雇用研发人员的数量和工资的角度,分析了政府补助对企业研发活动的影响。他们发现政府补助有效增加了研发支出,而且企业研发支出的增量比研发活动雇员数的增量大,这说明政府补助对研发人员工资的增加有正面作用。Aerts 和 Schmidt(2008)通过对德国企业的研究,也发现被资助企业有明显更多的研发活动,拒绝了挤出效应的假设。Elston 和 Audretsch(2011)考察了创业家在决定是否进入高新技术行业时考虑的因素,他们发现补助是企业家决定创业时的一项重要考量,它对潜在的和初始阶段的高新技术创业家而言是一项重要资本,能够有效吸引他们作出进入高新技术行业的决定。

姜宁和黄万(2010)通过对中国高新技术产业及其细分行业的研究发现,虽然存在滞后性,但从整体上来看研发补助对企业的研发投入有激励作用。在细分行业以后,他们发现这种激励作用,会随着政府科技政策和行业自身特点而出现差异。解维敏等(2009)研究了中国上市企业 2003—2005 年间研发补助对企业研发投入的影响,他们发现在控制其他变量后,研发补助能够有效激励企业进行研发投入。李汇东等(2013)比较了债权融资、股权融资和政府补助这三种外源融资形式对企业研发投入的影响差异。他们发现债权融资没有显著提升研发投入,而股权融资和政府补助都能够显著增加企业的创新投入占比。许国艺等(2014)认为企业自身的研发能力会影响研发补助的激励作用,那些研发能力较低的企业无法很好地利用政府补助,充分发挥它的最大效果,而研发能力较高的企业会根据市场需求自主决定研发水平,而不会被动根据获取的补助数额来进行改变。因此,政府补助对研发投入的激励作用,在研发能力处于中等水平的企业中更为显著。魏志华等(2015)分别检验了政府补助对民营企业和国有企业之中研发投入与资本支出的影响,他们发现政府补助能够刺激民营企业加大研发投入,但对企业的资本支出没有显著影响,而在国有企业中政府补助对研发补助和资本支出的影响都不显著。

在政府补助对非盈利机构个人捐款的激励效应方面,从理论上来讲政府补助到底会给私人捐赠带来激励效应还是挤出效应,取决于捐赠者将这笔政府资金的投入视为一种个人捐款的补充还是替代(Hughes et al., 2014)。许多因素都会影响捐赠者的这一判断,例如其中最为重要的因素之一就是个人赠与行为的内在动机。如果赠与的动机完全是基于特定的或固定的组织资金总量水平,那么政府补助的完全挤出效应将会出现。如果伴随着捐赠行为会出现某种程度的个人满足感的提升,那么可能会出现政府补助的部分挤出效应。如果私人捐赠的内在动机完全是为了得到满足感,那么政府补助就不会出现对个人捐赠的替代现象(Abrams and Schmitz,1978)。从另一个角度来看,政府补助事实上也可能会向原本对某一慈善机构并不熟悉的个人捐赠者,传递出关于这一组织实力的信号,从而吸引这些捐赠者进行捐赠活动,体现出政府补助对个人捐赠的激励作用(Andreoni et al.,2014;Scharf,2014)。Khanna 等(1995)发现在非营利机构中政府补助的给予不会降低个人捐赠。Okten 和 Weisbrod(2000)更进一步对政府补助对非盈利机构的个人捐赠是否存在挤出效应,进行了分行业检验,结果发现政府补助不会挤出个人捐赠,相反,在他们考察的七个产业中,政府补助对其中六个产业中非盈利机构的个人捐赠都有激励作用,特别是在图书馆、医院、科学研究和高等教育产业里,这种正向作用更为显著。Herzer 和 Nunnenkamp(2013)发现在美国的非营利组织中,每增加一单位的政府补助,会增加大概 0.13 单位的私人捐赠,表明政府补助的激励作用确实存在。通过对英国慈善机构申请和获取政府补助前后收入情况的对比分析,Andreoni 等(2014)也发现补助的获取对慈善机构的总收入有显著的积极作用。换言之,政府补助不仅没有挤出慈善机构其他形式的资金来源,相反,以中位数规模大小慈善机构的情况来看,每一英镑的政府补助带来的总收入增加甚至大于一英镑,表明政府补助的获取在这些慈善机构中体现出了激励作用。

此外,Duran(2013)在对美国建设第一条横贯大陆的铁路这一历史重大事件的分析中,指出在这条铁路的建设期间收到了大量的联邦政府补助,而正是这些政府补助显著地降低了工程的政治风险,并且在很大程度上鼓励了在这个项目上的私人投资。

2. 挤出效应

在研发补助对研发投入的挤出效应方面,Gorg 和 Strobl(2007)对爱尔兰制造业企业的研究表明,对爱尔兰国内厂商来说,小额补助足够刺激私人研发支出的增加,当补助金额过大时,反而会对私人研发支出产生挤出效应,对外资企业而言,不论补助金额大小,它对私人研发支出的影响都不显著。Clausen(2009)进一步将研发补助拆分为研究活动补助和开发活动补助两部分,分析了他们对挪威企业研发活动的影响。他的研究结果表明研究活动补助刺激了企业的研发支出，但是开发活动补助却表现出对研发支出的挤出作用。他认为出现这样结果的原因在于研究活动存在更大的不确定性，并且研究过程中得到的某些智力成果并不能被企业完全专有化，研究活动中私人回报和社会效益的差异更大。因此，政府对研发活动进行补贴能够更大程度上缓解市场失灵问题。Czarnitzki 和 Lopes-Bento（2013）的研究则表明研发补助没有导致完全挤出效应，并且平均每个受资助项目能够新增 5 个就业机会。

在政府补助对慈善机构个人捐赠的挤出效应方面，Payne（1998）在控制企业异质性以及政治和经济因素后发现，政府补助对个人捐赠的挤出效应确实存在，但是并非达到一美元补助将会挤出一美元私人捐款的程度，而是大概会降低私人捐赠至 50 美分，也即存在着部分挤出效应。然而，也有学者认为捐赠者对于政府向慈善机构提供的补助金额其实并不了解，或者即使他们知道了补助的幅度，但补助程度的改变对他们的捐款的影响也很小，因此挤出效应并不会存在（Horne et al.，2005）。

在传统对挤出效应的分析以外，近期的研究将政府补助对个人捐赠的挤出效应分为了两类：一类是源于捐赠者认为慈善机构获取的补助是来自他们的纳税而产生的直接捐赠的减少，即经典挤出效应；另一类是由于慈善机构获取补助后筹款努力的减少所产生的，即筹款努力挤出效应（Andreoni and Payne，2011）。Andreoni 和 Payne（2011）发现从整体上来看挤出效应是显著的，大概每单位补助会降低 75% 的私人捐赠，而这样的结果主要是由于筹款努力减少所导致的。其中，由经典挤出效应导致的私人捐赠减少是 0—30% 的幅度，而由筹款努力挤出效应导致的私人捐赠减少则达到了 70%—100% 的幅度。Hughes 等（2014）在分析了由政府补助带来的直接挤出效应和由非营利机构对补助的反应引起的间接挤出效应后，却提出了不同的观点，他们发现，政府向非营利组织提供补助确实会导致这些机构筹款努力的显著下降，不过这种间接挤出效应和直接的挤出效应相比相对较弱。

2.1.2　政府补助的产出额外性

政府补助的产出额外性关注了补助政策的另一项经济后果，即这项公共资金的给予能够带动多少企业的额外产出。这里的产出可以是企业的专利和新产品等直接的实物产出，也可以是企业价值、利润率、生产率或周转率等企业业绩指标的提高(Clarysse et al.,2009)。Georghiou(2002)将补助政策的产出额外性定义为，有或没有此项补助时，企业从某项活动获取的产出的差额。本书在接下来的部分里将从全要素生产率、会计业绩、创新效率、就业机会和出口活动等方面来回顾政府补助产出额外性的研究。

1. 全要素生产率

全要素生产率是企业的产出占全部要素投入量的比例，反映了企业的生产效率，体现了技术进步导致的产出增加，是政府制定经济增长长期政策的重要依据。因此，在政府补助的产出额外性的研究中，有很大一部分学者关注了政府补助是否能够有效提升全要素生产率的问题。

由于对机器和设备的投资能够促进生产率的增长，但是这类投资的私人回报是低于社会效益的，所以对这些项目进行补助，推动这类经济活动的进行，就能形成生产率的增长(De Long and Summers，1991)。Hu(2001)使用中国企业的数据发现，对于提高生产率而言，政府对研发投资给予更多的激励与直接给予企业研发补助都能促进企业生产率的增长。这是因为私人的研发投资能够显著提升生产率，而政府的研发补助也能通过刺激私人研发支出间接提升生产率水平。通过对中国台湾地区制造业企业数据的分析，Huang(2015)也指出税收减免可以显著提升中国台湾地区制造业企业的全要素生产力，从而推动整个经济的增长。

在政府补助对全要素生产率促进效应的作用机理方面，学术界主要从政府补助对采用新技术的促进作用和对融资约束的缓解作用两方面进行探讨。

在促进新技术的采用方面，Skuras 等(2006)发现，补助会影响全要素生产率的增长，但是这个影响是通过技术变革而不是通过规模效应来实现的。Girma 等(2007a)研究了政府补助对爱尔兰制造业企业生存几率的影响。通过基于预期灾害模型的结果表明，补助在某些情况下可以为企业的生存提供重要助力，它帮助提升了爱尔兰本国企业的幸存几率，而对外资企业影响不大，这说明补助政策可以一定程度地加强爱尔兰本国企业业绩。同时，他们还从缓解融资约束和新技术的采用两个方面，讨论了政府补助对企业生存几率的影响机制，发现补助鼓励了企业对新技术的采用，是政府补助促进全要素生产率提高的重要途径。

在缓解融资约束方面，Girma 等(2007b)对爱尔兰企业的研究表明只有那些能够扶持企业用于提高生产力活动的补助才能增加全要素生产率。同时，受到融资约束的企业更加受益于这些政府补助。任曙明和吕镯(2014)的研究则表明，政府补助可以完全抵消融资约束对全要素生产率的负面影响,从而保证了中国装备制造业企业全要素生产率的稳步提升和持续增长。

然而,由于政府补助在配置过程中可能出现的效率损失,例如政府官员会为了追求政治利益最大化导致公共资源被不合理配置,所以部分学者认为政府补助并不一定能够提升生产率(Harris and Trainor,2005;Criscuolo et al.,2012)。Lee(1996)与Beason和Weinstein(1996)分别使用韩国和日本的数据都显示出政府干预对生产率的增长有负面效果。Bergstrom(2000)研究了1987—1993年瑞典政府的区域补助政策对制造业企业全要素生产率的影响,发现虽然政府补助能够有效提高企业价值,但是不会对企业的全要素生产率产生显著影响。

Harris和Robinson(2004)就英国政府对制造业企业的两项产业支持计划(地区选择性补助和小企业研究与技术奖励),分析了它们对企业层面全要素生产率水平的影响。结果发现因为地区选择性补助计划的目标,就是扶持生产经营较为困难的企业,所以这个项目的受助者多数是经营不善者。而小企业研究与技术奖励计划的受助者基本都有较高的全要素生产率水平,这是因为这项计划的目标就是鼓励研发,所以这项补助被更多地给予了那些值得鼓励的企业。在企业获取到补助以后,地区选择性补助计划受助者的全要素生产率得到了提高,不过这项补助对生产率的促进作用在地区间有差异。小企业研究与技术奖励计划受助者的业绩却没有得到提高,这可能是由于这项项目的目的是鼓励创新,而创新的业绩体现可能是个长期的过程。总的来说,这两项补助计划在中短期内对企业全要素生产力水平的提升有限。

Bernini和Pellegrini(2011)发现,虽然受资助企业拥有更高的产品、雇员和固定资产的增长率,但是全要素生产率的增长却并不明显。Cerqua和Pellegrini(2014)检验了一项意大利重要的区域政策(L488法令)的产出额外性,他们发现这项补助能够提升就业量、企业的投资额和周转率,但是对生产力的影响却是微不足道的。

周方召等(2013)检验了中国政府补助对物联网企业生产效率的影响,发现政府补助不仅没能提高企业生产率,相反还抑制了生产率的提升。徐保昌和谢建国(2015)从政府补助的激励机制和分配现状分析入手,认为政府补助的分配过程中存在的寻租问题加剧了补助的错配问题,而这种错配导致了补助被大量效率低下的不良企业获取,最终在整体层面表现出政府补助无助于全要素生产率的提升。

2. 会计业绩

企业会计业绩是更为直接明了的一个企业产出变量,对于政府补助与财务业绩之间的关系,学术界也存在着不同意见。

在支持政府补助对企业绩效促进作用的研究中,张继袖和陆宇建(2007)检验了政府补助对企业盈余和盈余质量的影响,他们发现政府补助作为一项政府向企业的经济流入,虽然能够提高企业盈余,但是由于政府补助已经被不正常地经常化了,所以投资者难以估计政府补助的持续性,进而影响到投资者对企业价值的判断。因此,政府补助的获取反而会降低企业盈余的价值相关性。陆国庆等(2014)探讨了我国创新补助对战略性新兴产业企业绩效的影响,发现创新补助对企业营业收入的促进作用是显著和可信的,而影响补助与绩效关系的主要因素有企业的第一大股东持股比例、独立董事占比、企业杠杆率和固定资产比率等公司治理指标和财务特征指标。

在认为政府补助可能无助于企业绩效提升的文献方面,唐清泉和罗党论(2007)认为政府补助作为政府干预经济的手段之一,虽然它的发放是出于提升社会整体福利的动机,但这种对特定对象的政策倾斜并不利于形成公平公正公开的市场竞争环境,它不能帮助受资助企业提升竞争优势,故而政府补助不能带来企业财务业绩的增长。余明桂等(2010)研究了政治关联在政府补助与会计业绩间的调节作用,结果发现在具有政治关联的民营企业中,政府补助不能提升企业的会计业绩,相反还会损害企业绩效,而非政治关联企业中少量的政府补助就能发挥出对于企业业绩的促进作用。郭剑花和杜兴强(2011)的研究印证了余明桂等(2010)的观点,他们也发现在具有政治关联的民营企业里,政府补助的使用效率显著低于无关联企业,据此他们认为政治关联企业中出现的补助与业绩之间的负相关关系,不是由于这些企业承担了更多的雇员负担导致的经营成本上升,而是由于政治关联扭曲了企业管理层的行为,导致了补助资源配置的效率损失。顾元媛(2011)分析了我国研发补助的效率问题,结果表明由于研发补助的发放会受到政治关联的影响,很多补助都被错误配置了,导致真正有创新能力和创新需求的企业难以获得补助。最终,研发补助对企业业绩和专利申请数都显示出负相关关系,说明我国研发补助的配置过程中出现了效率损失。任曙明和张静(2013)认为在我国装备制造业中,政府补助对企业加成率有负面作用,造成产品附加值低,企业盈利能力差,并且这种效应主要是由于企业向政府补助主管部门的寻租和贿赂导致的。

Zhang 等(2014)通过对中国风能和太阳能制造业企业的分析,也探讨了政治关联、政府补助和财务业绩之间的关系。他们发现政府补助对风能企业的长期业绩和短期业绩都有显著提升,然而企业高管的政府背景会削弱这个效应,但是对太阳能企业来说,政府补助对业绩的影响都不显著。魏志华等(2015)检验了政府补助对新能源上市企业的成长性的影响,发现这些企业获取的巨额政府补助并未真正推动公司的成长和发展,而产生这一结果的可能原因便是普遍存在的为获取政府补助进行的寻租活动扰乱了补助的配置过程,造成了政府补助的效率损失。

企业生命周期理论认为当企业处于不同的发展阶段时对资金的需求是不同的,因此,政府补助在企业生命周期各阶段发挥的作用也可能不尽相同。周霞(2014)的实证检验结果便表明当企业处于成长期时,政府补助能够显著增强企业的盈利能力;当企业处于成熟期时,补助的这种激励作用会变弱;而当企业处于衰退期时,政府补助无法提升企业的盈利能力。

3. 创新绩效

对研究和开发活动的鼓励是政府提供科技创新类补助的最直接目的,因此创新产出是相对于全要素生产率和企业业绩而言,与政府补助有更直接联系的产出要素(Pahnke et al, 2015)。白俊红和李婧(2011)研究了研发补助对技术创新效率的影响,认为研发补助可以缓解企业的融资约束,降低企业进行研发活动所需承担的风险,所以企业在获取补助后进行技术创新的动力便得到了增强,而这也有利于企业提高研发项目的资源利用效率,最终提升企业的技术创新效率水平。邹彩芬等(2014)考察了政府补助对企业直接创新产出的影响,发现政府补助能够有效增加企业的专利申请量。

然而,政府补助发挥对创新产出的激励作用还受制于补助模式和制度环境。在补助模式方面,王宇和刘志彪(2013)分析了针对最终产品的价格补贴与研发补贴两种补助模式对战略性新兴企业研发活动的激励作用,他们认为产品补贴只能带来短期内该产品的产出增加,但无益于鼓励研发活动的开展,无法推动技术进步,而研发补贴则可以直接对研发活动进行激励,通过技术进步的实现还能振兴整个产业的发展。巫强和刘蓓(2014)探讨了在战略性新兴产业中定额补助和比率补助这两种政府补助发放方式对创新产出的影响,他们发现由于定额补助不会影响企业的产品质量决策,所以在对创新产出的促进作用方面,发放比率补助比定额补助更加有效。曹建海和邓菁(2014)认为相较于持续性的点对点补助模式而言,临时性的普惠式补助模式更加能够带来更多的创新产出,这可能是因为临时性的补助可以避免企业形成对政府补助的过度依赖,保持企业的发展活力。

在制度环境方面,韩民春和曹玉平(2013)认为由于补助配置过程中存在不合理的情况,我国研发补助中的很大一部分并没有能够提高企业吸收能力,导致补助的效率较低,因此政府需要确保研发补助的合理配置,并且还要注重补助配置后技术扩散平台的搭建。邵传林(2015)认为政府补助可以有效降低企业的研发风险和研发成本,增加研发活动强度,进而有助于提高企业的创新绩效;并且由于在制度环境较好的地区企业获取政府补助多凭实力而非寻租活动,所以这种效应在制度环境较好的地区更为明显。杨洋等(2015)的研究也表明因为不同所有制下企业在资源基础上的差异,导致相较于国有企业而言,政府补助对民营企业创新绩效的激励作用更明显。同时,他们还发现在要素市场扭曲程度较低的地区,更有利于政府补助激励作用的发挥。这是因为在要素市场被严重扭曲的地区,企业进行寻租活动获取的超额收益更大,所以企业会将获得的各种资源投入到寻租活动而非正常的研发和经营活动之中,造成创新效率的降低。

4. 就业机会

由于创造更多的就业机会、提升就业率也是政府向企业提供补助所希望达到的主要目标之一,所以部分学者也关注了政府补助对于就业情况的影响(Skuras et al.,2003)。

Roper 和 Hewitt-Dundas(2001)分析了爱尔兰地区的小企业补助对企业的产出影响后,发现在 1991—1994 年间有大约 50% 的北爱尔兰地区企业和 30% 的爱尔兰共和国企业获得了财政援助,在控制了政府补助的选择效应以后,补助对小企业的周转率或盈利能力的增长没有显著影响,却显著推动了雇员数量的增加。

Girma 等(2008)对爱尔兰制造业企业进行研究后,发现企业在获得政府补助后创造出了更多的就业机会,并且在比较国内企业和外资企业中补助对就业影响的差异后发现,国内企业的每单位政府补助创造的额外就业量更多。同时,他们在进行成本效益分析后发现虽然政府提供补助付出了较大的成本,但是由于受资助企业会付出更高的雇员工资,政府的这一成本其实已被极大抵减了。

5. 出口活动

对外贸易是拉动国民经济增长的三驾马车之一,通过刺激出口、使本国产品进入国际市场参与国际竞争来带动经济增长,也就成为了政府向外贸企业提供补助的动因。从作用机制上来看,政府补助可以通过提升企业生产率和降低企业资金压力来激励企业进入出口市场(Gorg et al.,2008；Arkolakis,2010；Navas and Sala,2015),也可能通过对企业经营管理水平的促进来加强企业的国际市场竞争力(苏振东等,2012)。

Bernard 和 Jensen(2004)通过对美国制造业企业的分析,来研究美国的出口激励政策怎样影响企业做出进行或不进行出口贸易活动的决策,他们的结果最终却发现这些激励政策难以鼓励美国制造业企业参与全球市场竞争。Gorg 等(2008)研究了政府补助对爱尔兰制造业企业的影响,他们发现如果政府补助额度足够大,那么它可以鼓励出口企业在国际市场上更有效地竞争,但是补助却无法激励非贸易企业进入国际市场。殷枫和许颖星(2012)研究了中国企业获取的政府补助对企业出口行为的影响,结果表明政府补助通过缓解上市公司的融资约束问题,能够有效刺激企业的出口,并且这种激励效应在制度环境更好的地区效果更为明显。Banno等(2014)探讨了意大利的政府补助对中小企业国际化经营的影响,发现这种政府激励机制能有效加强企业国内业务的营业额和生产率增长,特别是当受资助企业是更小和更年轻的企业时,此外,当企业有较多的国际化经营经验时,补助的激励效果得到了加强。

周世民等(2014)从地区因素、产权因素和生产率水平等因素上探讨了它们对政府补助和出口行为之间关系的调节作用,他们发现民营企业、东部地区企业和中等生产率水平企业在获取补助后显著加强了出口倾向和出口强度,但是这些企业受补助的相对比例和金额都处于较低水平,意味着政府补助资源可能被错误配置了。张杰等(2015)从出口产品质量这一角度,研究了政府补助这只"看得见的手"对它的影响,发现政府对微观经济活动的干预反而抑制了企业出口产品质量的提升,但是对外资企业的补助却没有这种抑制效应。他们认为这种抑制效应的产生可能源于企业获取政府补助后生产成本有所降低,容易引起出口市场中更为激烈的价格竞争,在这种低利润模式下,企业也就很难产生提高出口产品质量的内生动力。

Li 等(2014)对反倾销调查和反补贴调查市场反应的研究表明,获得政府扶持较多的被调查企业中,反倾销或反补贴调查公告的负向市场反应较弱。李婉丽和鄢姿俏(2014)也认为欧盟对华光伏"双反"调查中,中国政府在外交努力之外,还于2013 年 7 月出台了一揽子刺激计划来扶持国内光伏产业的发展,以抵减欧盟惩罚性关税的负面影响,其中包括政府为太阳能发电上网提供长达 20 年的财政补贴,并且给光伏企业的并购重组提供税收减免。政府通过给予财政扶持,能够在企业最困难的时期帮助企业渡过难关,为其实现战略转型提供宝贵时间,同时,下游行业优惠政策的颁布也可以帮助企业实现由外销转内销,从而在根本上消除反倾销措施和反补贴措施的威胁。因此,投资者会认为政府的介入与扶持可以有效降低反倾销或反补贴调查给企业带来的不利影响,从而对被调查企业的前景作出更清晰的判断。

6. 其他

除了上述产出变量以外,在政府补助对企业承担的社会责任方面,Rivera-Lirio和 Munoz-Torres(2010)分析了欧盟援助计划对欧洲制造业企业的社会责任的影响,发现这些援助计划并没有引起企业社会责任的显著改变,因此未能增加企业对社会可持续性发展的贡献。在政府补助与对外直接投资的关系方面,Baccini 等(2014)研究了税收优惠对对外直接投资的影响,他们发现地方政府提供的税收减免能够显著吸引更多的外国直接投资,不过这一效应的发挥还取决于政府提供的税收优惠的方式。对投资收益进行税收减免这种非歧视性的税收优惠政策,能够显著增加外国直接投资;而只针对由政府确定的特定投资项目的税费减免,却不能带来更多的外国直接投资。

2.1.3 政府补助的行为额外性

政府补助的行为额外性这一概念最早是由 Buisseret 等(1995)提出的,目的在于完善已有研发补助相关文献中将研发补助的经济后果仅仅划分为投入额外性和产出额外性的做法。他们认为研发补助的作用不仅仅是会影响到企业的投入和产出变量,补助这一政策工具的运用同样会对企业当时或其后的行为产生影响。因此,Buisseret 等(1995)将这种由于政府政策工具的使用造成的企业行为变化,称为政府政策工具的行为额外性。

在此之后,越来越多的学者开始意识到,在投入额外性和产出额外性之外,行为额外性往往被忽略了,而事实上,一项激励政策的影响可能并不在于改变企业是否进行此项项目的决定,而在于改变企业在实施这个项目中的方式,例如在项目实施过程中企业是否会增大投资规模、是否会加快项目进程等(Georghiou,2002)。Sheehan(1993)的研究即表明了,给予北爱尔兰制造业企业的政府补助,会对企业投资决策过程产生影响。他关注了从 1985—1988 年以及 1989—1992 年这两个时间段中制造业企业投资水平、时机和项目质量受政府补助影响的情况。在 1985—1988 年间,主要存在两个给予北爱尔兰制造业企业的投资补助:一类是自动授予企业的标准资本补助(standard capital grants,SCGs);另一类是有选择的财政援助(selective financial assistance,SFA)。而 1988 年以后,标准资本补助逐渐被淘汰,有选择的财政援助成为援助企业的主流措施。他的研究结果表明相较于有选择的财政援助,标准资本补助对企业投资过程的影响更大,因为这种补助有确定的资助额度,所以它能够更好地被企业预期,企业在作出投资决策时也能将其纳入考虑,成为影响企业投资决策的重要因素。

Busom 和 Fernandez-Ribas(2008)提供了研发补助是如何影响企业的研发合作战略的实证证据。他们考察了政府补助对企业与公共研究组织及其他企业建立研发合作伙伴关系的可能性的影响,结果发现研发补助显著增加了企业与公共研究组织合作的机会,而只有当企业有无形知识产权时,企业与其他公司间建立伙伴关系的可能性才会小幅增加。这样的结果意味着补助确实能够使企业在选择研发合作伙伴关系行为上发生改变,并且它有效缓解了企业间研发合作的障碍。Clarysse 等(2009)分析了影响研发补助带来行为额外性的因素,他们发现组织间的学习行为会使行为额外性增多,但是这种效应会随着受资助项目的增多而逐渐减弱。

由于政府补助是政府提供的公共资源,政府部门在拨发补助后会要求非营利组织符合监管条件,并对他们的活动进行某些限制,这也会使得获取补助企业的自身监督机制上出现改变。Vermeer 等(2006)发现获取了政府补助的非营利组织,更有可能组建由独立董事构成的审计委员会,并且在审计委员会中更可能聘请财务专家。Tate(2007)也指出政府补助会影响非营利组织更换审计师的行为。他们发现随着政府补助在非营利组织收入中所占比例的增加,非营利组织更有可能将外部审计师更换成质量更高的审计人员。通过使用 CEO 超额薪酬作为衡量企业代理成本的变量,Gaver 和 Im(2014)的研究证实,因为政府补助可以强化非营利组织的自我监督机制,所以获取了更多政府补助的非营利组织中,其代理成本存在显著下降。

然而,政府补助的行为额外性不仅仅会引起积极正面的额外外部行为,有时它也会带来某些消极行为的增加。Roseackerman(1987)讨论了对慈善机构的一次性政府补助会对慈善机构管理者的行为产生怎样的影响。他发现这些补助资金的增加反而会降低慈善机构的筹资活动强度。慈善机构管理者不会将这些资金用于提高机构的效率，相反，由于获得了这笔无偿的补助，管理者会减少去说服捐赠者的活动，他们会试图使用这些资金来满足自己的需要。不过 Roseackerman(1987)认为这些管理者并不是将这些资金花费于在职消费或者为自己购买昂贵的办公用品等物质需求上，而是希望使用这笔资金来完成有利于自己职业发展的慈善计划中。

Andreoni 和 Payne(2003)也研究了慈善机构在获取政府补助后筹款努力程度的变化。他们致力于回答这样的一个问题：慈善机构收到政府补助后的行为反应是什么？他们认为以前文献中发现的政府补助引起的私人捐赠下降，除了传统的从捐赠者角度对挤出效应的解释外，还可能是由慈善机构筹款者筹款努力的下降所导致的。也就是说，引起政府补助对私人捐赠挤出效应的不仅仅是由于捐赠者认为补助来自他们的纳税因而降低了对慈善机构的直接捐赠，还可能是由于政府补助导致的慈善机构筹款人的努力程度下降的问题。因此，为了避免这种道德风险问题的发生，政府在向慈善机构提供补助时，可以要求这些机构在获取政府补助后必须增加他们的筹款支出，并以此为指标来监督慈善机构的筹款努力程度。Andreoni 和 Payne(2011)在将挤出效应进行细分的基础上进一步实证验证了政府补助导致的私人捐赠减少主要是由于筹款努力降低导致的，而 Hughes 等(2014)却认为虽然政府补助对筹款努力有显著的负向作用，但是这种对个人捐赠的间接挤出效应相比直接挤出效应作用要小。

罗宏等(2014)认为政府补助作为计入非经常性损益下的营业外收入，可以被企业管理层作为谋取私利的工具，通过对这一能够显著影响会计盈余的外生变量的操纵，管理层可以借机获取超额报酬。因此，企业管理层有极强的动机不遗余力地用尽方法来获得政府补助，再通过补助对企业利润的修饰和调节来谋取超额薪酬。步丹璐和王晓艳(2014)也考察了政府补助对企业管理层薪酬的影响，他们也发现政府补助可以作为企业管理层进行真实盈余管理的手段之一，他们会利用这一外生变量来获取高额薪酬，造成企业薪酬体系向高管的不合理倾斜，出现更大的内部薪酬差距。同时，他们还发现根据政府补助附带条件的不同，那些具有较强约束力的政府补助能够在一定程度上限制企业管理层利用补助进行的操纵行为，因此，只有在那些约束力较弱的政府补助才会加大企业内部的薪酬差距。

除了政府补助对受资助企业的行为会产生影响之外，它也可能对与受资助企业相关联的其他企业的活动产生影响(Meuleman and Maeseneire，2012)。例如通过补助的发放，政府会向资本市场传递出受资助企业拥有优秀项目的信号，这种政府补助的鉴证作用会使得私人投资者或银行更愿意给这些企业提供资金(Lerner，2002)。

Lerner(1999)使用获取 SBIR 补助的美国企业为样本，发现获取这项补助确实提供了关于企业质量的积极信号，使得这些企业更容易吸引到风险投资。Feldman和 Kelley(2006)通过对美国先进技术项目补助进行分析后，也发现企业获取该项补助之后能够增加来自私人风险投资、公共风险资本、与其他企业之间的战略联盟，以及政府其他研发补助项目的资金供给。Takalo 和 Tanayama(2010)构建了关于研发补助的理论模型，发现研发补助向外部投资者传递出了积极的信号，并且降低了融资约束。Kleer(2010)通过构建多种补助项目的简单信号模型来检验补助的信号传递效应。他发现补助中是否包含项目质量的信息是影响补助信号传递作用的关键，只有能够提供项目质量信号的政府补助才能吸引外部投资者。Meuleman 和Maeseneire(2012)针对比利时中小企业的研究发现研发补助提供了关于企业质量的正面信号，有助于企业获得长期债务融资，并且补助的这种信号作用在信息不对称程度高的地方发挥了更大的作用。王文华和张卓(2013)认为政府向企业提供研发补助将向市场表明政府对这个项目前景的看好，能够为外部投资者提供可参考的信息，从而缓解研发活动中的融资约束问题。

然而，政府补助在向市场传递正面信号的同时，由于补助分配过程中的非效率问题的出现，将导致政府补助传递出的信号并非是企业能力强、项目质量高等这些积极信息，相反，政府补助的信号中可能包含的是那些扭曲补助分配的因素。逯东等(2010)研究了政府补助对于企业定价的影响，发现政府补助在企业定价过程中会降低净利润为正的上市公司价值，而对净利润为负的企业没有影响。对于这样的结果，他们认为是因为获取政府补助越多的企业，可能其盈利能力越差，这些企业有更强的动机来谋取政府补助扭亏为盈，因此政府补助其实向市场传递出的是负面信号。高艳慧等(2012)对中国高新技术产业的研究结果也表明，由于政府在发放补助前会进行深入调研，所以补助的发放会向市场传递出有关企业能力和项目质量的信号，有利于企业获取外部融资。但是由于补助发放过程中确实可能存在着寻租行为等损害补助配置效率的情况，政府补助的信号传递机制只有在非国有企业间才能发挥作用。

2.2　政府补助的影响因素文献回顾

2.2.1　微观层面因素

理论文献和实证文献中已经发现了影响企业获取补助可能性的大量企业微观层面指标（Busom，2000；Almus and Czarnitzki，2003；Blanes and Busom，2004）。然而，由于政府补助的种类繁多，参与补助发放、审核和监管的政府部门的数量也极为巨大。从中央政府到地方各级政府，从财政部门、商务部门到科技部门、环保部门，由于政府机构自身目的的区别，各类政府部门在作出补助决策时考虑的因素也不尽相同（Petrovits et al.，2011）。因此，在现有文献中由于各研究所关注的政府补助类型不同，这些企业微观层面指标对补助获取可能性和数额的作用方向也存在差异。本书将从企业财务特征因素、政治关联因素和其他因素三方面，对政府补助的微观层面影响因素文献进行回顾。

1. 企业财务特征因素

在大量政府补助的申请条件里，都有对企业财务特征指标的要求，例如中小企业补助中会就对企业的规模作出要求，可见企业的财务特征是影响企业能否获取补助的重要因素之一。Czarnitzki 和 Licht（2005）在研究德国获取研发补助和没有获取研发补助的企业差异时，发现受资助企业有更大的规模、独立的研发部门、较高的申请专利的频率以及更有可能从事国际经营活动。Gonzalez 等（2005）发现政府部门在发放政府补助时更倾向于将补助给予更大规模、资本增长更快、技术水平更高以及与国外市场联系更紧密的企业。Clarysse 等（2009）指出政策制定者需要在选择补助受助企业时仔细考虑，一些经常在项目选择标准中出现的企业财务特征，例如财务宽松等，并不能很好地区分合格的受补助者与不合格的受补助者。他们的研究结果表明，给予财务宽松的企业更多的政府补助并不能产生更多的行为额外性。而 Banno 等（2014）的研究则表明由于外部融资约束的存在，会影响意大利企业在国际市场上的竞争优势，所以出于激励贸易活动的政府补助计划会更倾向于给予受到了财务约束的企业，验证了 Banno 和 Sgobbi（2010）和 De Maeseneire 和 Claeys（2011）的结果。

作为一项为企业带来大量资源的政府干预手段，政府在配置补助时可能更偏好本身经营能力强业绩表现好的企业，以求充分发挥补助对具有较高外部性活动的推动作用,然而另一方面,补助也可能会更多地提供给效益不佳的企业,以帮助他们渡过难关。张洪辉(2015)探讨了这个问题,并发现在中国上市企业中政府补助的获取与企业盈利能力负相关,也就是说,中国政府补助更多体现出的是对效益不佳企业的扶持倾向。

扩大就业是各国政府的重要施政目标之一,因此帮助和扶持能够提供大量就业机会的企业也是政府部门在发放补助时考虑的因素之一(Gonzalez et al.,2005;Devereux et al.,2007)。Wallsten(2000)发现有更多雇员和专利的企业能获得更多的补助。Roper 和 Hewitt-Dundas(2001)使用爱尔兰地区小企业的数据进行研究后,发现有更多雇员的企业更可能获得财政援助,但是这个效应只在北爱尔兰地区显著。

2. 政治关联因素

企业与特定政府官员或部门之间的政治关联也被认为是能显著影响补助分配倾向的重要因素之一。

社会资本理论、资源依赖理论以及法与金融理论对政治关联的产生机理的探讨都指出,企业建立政治关联的主要目的,是希望通过这种非正式治理机制获取企业在发展中稀缺的外部资源。因此,政治关联常常被认为是一种有价值的企业资源,使企业更有利于获得外部融资、市场准入、税收优惠与政府补助等被政府直接或间接掌控的社会资源。

政治关联给企业带来融资便利是这种独特的政企关系最显著的利益之一。Faccio 等(2006)对 35 个国家中的政治关联企业的研究表明,在陷入财务困境时,政治关联企业更容易获得世界银行或国际货币基金组织给予的贷款与政府的财政资助。Cleassens 等(2008)发现在巴西的每次选举后,提供了竞选献金的企业有相当大的银行贷款增长量,这意味着获取银行贷款是政治关联提供的政治利益之一。Fan 等(2008)对 23 起腐败丑闻研究后发现,在贪污受贿官员被逮捕后,与之有关联的企业杠杆率和债务的给付日期都有明显的下降。Firth 等(2009)与 Malesky 和 Taussig(2009)分别研究了中国与越南银行的贷款分配决策,Firth 等(2009)在探讨中国国有银行对私营公司的贷款分配行为时发现,国有控股企业能够获取银行贷款,并且这种政治关联是银行对服务业企业、大型企业和坐落在较不发达金融业地区的企业进行放款决策时的重要决定性因素。Malesky 和 Taussig(2009)的研究表明银行的贷款分配过于依赖政治关联,而这种依赖会造成银行信贷的资源低效配置。

　　更多的政府补助、优惠的税收政策和更低的市场准入门槛等也被证明是政治关联为企业带来的特殊利益。Johnson 和 Mitton（2003）研究了亚洲金融危机期间马来西亚政治格局变动对关联企业获取政府补助情况的影响，他们认为：当政府提供特权和补贴的能力在宏观经济冲击下显著降低时，具有较强政治关联企业的处境相较其他企业而言更加艰难；而当政府实行资本管制、允许更高水平的政府补贴时，这些企业可以获得更多的利益。他们的实证结果表明拥有政治关联的企业在亚洲金融危机期间的股票收益更差，但当马来西亚政府解雇副总理与加强资本管制行为之后，主要受益企业是与总理马哈蒂尔有紧密联系的企业，这些企业在资本市场上的收益远高于市场平均水平。Chen 等（2008）认为由于特殊政治经济体制，中国企业与不用层次的政府间存在着利益冲突与串通合谋，地方政府通过提供政府补助帮助企业提高收入来超过配股和退市的监管门槛，而这种串谋多发生于地方政府控制的企业中。Chen 等（2011）进一步验证了政治关联与政府补助的关系，他们发现私营企业建立政治关联，有寻求产权保护与获取以政府补助为代表的政治利益这一双重目标，实证结果也表明政府补助是企业建立政治关联进行寻租活动的重要收益之一。在税收优惠方面，Faccio（2010）使用来自 47 个国家的企业数据表明，与非关联企业相比，政治关联企业拥有更高的杠杆、更低的税负与更强的市场支配力。

　　陈冬华（2003）检验了仍在或曾在中央政府部门、地方政府部门和其他政府部门的董事对企业获取政府补助金额的影响，他发现企业聘用这些与政府有紧密关系的董事确实能够帮助企业获取到更多的政府补助。吴文锋等（2009）分析了中国上市民营企业中管理层的政府任职背景对企业是否能够获取税收优惠的影响。他们发现由于我国政府部门在确定税收优惠对象时拥有较大的自由裁量权，大量的税收优惠审批中包含着软性条件，因此如果企业管理层与政府部门间有紧密联系，便有可能帮助企业获取到该项税收优惠。

　　余明桂等（2010）从政治关联的信号机制和寻租行为两个方面探讨了政治关联对政府补助之间的关系。他们认为根据 Cull 和 Xu（2005）的观点，政治关联向市场提供了该企业具有良好发展前景和社会声誉的信号，因此政治关联可以帮助企业更加容易地获取大量政府补助。但是从另一方面来看，根据 Shleifer 和 Vishny（1994）的观点，政府官员向企业提供的政府补助可能是源于他们之间的双向贿赂与寻租活动。余明桂等(2010)的实证结果支持了政治关联之所以能够提高企业获取的政府补助金额,是源于寻租活动的假设。Wu 和 Cheng(2011)分析了中国企业管理层政治关联对获取政府补助的影响,发现只有当管理层声誉高或是企业过去业绩优秀时,政治关联对获取政府补助的积极作用才能发挥。

尽管美国法律不允许非营利组织进行竞选捐赠,但是 Petrovits 等(2011)的研究结果依旧表明:非营利组织也能通过向政府官员的游说活动来获取到更多的政府补助。张敏等(2013)认为企业通过慈善捐赠可以强化与政府间的纽带关系,当企业配合政府完成重大灾害后的救济任务时,政府也会以政府补助的形式给予企业相应的回报。Lu(2015)使用美国马里兰州非营利机构的数据发现,如果非营利机构有更强的官僚主义倾向,它能以更大的可能性获取到政府补助,而这是因为具有官僚结构的非营利组织与政府部门间会出现更大的兼容性,从而能够促进他们之间的合作(Shaw, 2003;Goldsmith and Eggers, 2004)。通过检验在市长更替过程中企业利用慈善捐赠构建新的政治关联的行为,Lin 等(2015)发现,在中国利用进行慈善捐赠建立的政治关联确实可以增加企业在未来获取政府补助的可能性,也确实提高了获取政府补助时的具体数额。

由于国有企业与政府间存在天然的联系,孔东民等(2013)认为国有产权性质可以帮助企业获取更多的政府补助,并且这种效应在产品市场竞争程度较高的地区更为显著。在这些地区,地方政府有更强的动机向国有企业提供政府补助,来缓解这些企业面对的市场竞争压力,以此为自己谋取政绩、维护地区形象。

为了进一步验证企业是否会通过与政府官员之间进行寻租活动来获取更多的政府补助,魏志华等(2015)检验了企业管理费用中的业务招待费对获取补助的帮助,他们发现企业获取的政府补助与业务招待费之间存在着显著的正相关关系,并且这种寻租活动对补助的影响在民营企业中更加显著。这样的结果表明中国上市企业,特别是民营企业,确实可以通过寻租活动来获取更多的政府补助。肖兴志和王伊攀(2014)通过企业的社会资本投入,检验了企业寻租活动对获取政府补助的帮助,结果发现为了建立政治关联而进行的人情往来显著增加了企业获取的补助,相较于同等条件的其他企业,这些企业多获取了 42%的政府补助。

鉴于政治关联与政府补助之间的紧密关系,杨其静和杨继东(2010)和 Yan 等(2015)认为由于政治关联与企业获取补助之间存在显著的正相关关系,因此可以使用企业获取的政府补助作为企业与政府间建立的政治关联的代理变量。目前文献中对政治关联的刻画与度量主要采用的有五种方法:高管背景、高管与政府间的亲密关系、政府持股、竞选捐助,以及特殊事件后的股票回报。高管的政府背景是最常用于衡量政治关联存在与否的指标之一。企业聘用现任或者前任政府官员作为企业的董事、总经理或其他高管被视为该企业具有政治关联。这类指标较为直接地揭示了企业与政府之间存在的联系。不同文献在确定政治关联时对不同职位和不同背景高管的关注使得对于政治关联企业的定义略有不同。Faccio 等(2006)定义政治关联的方法之一是如果企业高管(包括企业执行总裁、董事长、总裁、副总裁或董事会秘书)或者公司大股东(控制至少 10% 的有表决权股份)中至少有一位是国家元首、政府部长或者国家议会成员,那么便定义该企业为政治关联企业。Faccio(2010)、Chen 等(2010),以及 Chen 等(2011)沿用了这种定义高管政府背景的方法。Fan 等(2007)关注了政治关联 CEO 对企业业绩的影响,因而他们将政治关联定义为 CEO 是现任或前任政府官员或军队军官。Goldman 等(2009)搜集了标准普尔 500 家企业 1996 年至 2000 年间每个董事会成员的信息,如果董事会成员曾经担任过参议会议员、众议会议员、内阁成员或是类似情报局这类组织的主管,将被视为具有政治关联,并且还根据每位董事会成员的职业背景,将这些企业分为与民主党有政治关联企业、与共和党有关联企业,或是没有关联企业。

高管与政府间的亲密关系是另一个刻度企业高管层与政府之间亲密关系的指标。不同于企业高管的任职背景,这类政治关联指标体现了更为含蓄和间接的政企关系,扩大了政治关联的涵盖范围。但是由于人际关系本身的难以量化和统计的原因,也导致了较高的数据获取难度,因此实际采用此类指标的研究并不太多。Gomez 和 Jomo(1997)详细分析了亚洲金融危机前的马来西亚企业以及他们的政治关联,Johnson 和 Mitton(2003)以及 Gul(2006)都使用了 Gomez 和 Jomo(1997)中的数据,将政治关联定义为企业高管或主要股东与马来西亚主要政治官员(马哈蒂尔、戴姆和安瓦尔)之间有紧密联系的企业。Faccio 等(2006)在研究中采用的第二种定义政治关联的方法便是使用了这种度量。他们采用了三种途径来定义这类关联:企业高管或大股东与国家元首或政府部长的姓氏相同;企业高管或大股东被《经济学家》《福布斯》或《财富》描述为与国家元首、政府部长或议会成员有朋友关系;被以前的研究指出过具有亲密关系。Fan 等(2008)以 23 起腐败丑闻为样本研究公共治理在公司融资模式中的作用时,将政治关联企业定义为,企业高管、董事或前十大股东被新闻报道或诉讼裁决指出曾向官员受贿,或者与腐败官员是家庭成员或曾在同一部门任职。

通过所有权产生的企业与政府之间的紧密联系是政治关联的另一种主要形式。政府持股这一度量指标正是衡量了这种通过所有权建立的政企关系。以此作为政治关联刻度的学者认为股权纽带下产生的紧密联系相较其他的关联形式而言更为直接地体现了政府对企业的干预和控制,政府在提供特殊利益的同时,也要求企业完成特殊的政治目标。Berkman 等(2010)在检验了政治关联在中国证券市场旨在推进小股东保护而进行的三次制度调整中的作用时,按照控股股东的性质,将企业划分为国家控股、国有企业控股和私人控股,认为这三种类型分别代表了强、中、弱三种政治关联程度。Firth 等(2009)研究民营企业的政治关联性时,除了考虑民营企业高管政府背景以及企业是否与政府或其隶属机构间有经济业务外,还把企业是否有少数国家股股权作为衡量政治关联的指标。

竞选捐助这一形式的政治关联指标被使用于 Claessens 等(2008)关于巴西的政治关联对企业股票回报的影响以及带来的政治利益的研究中。由于巴西是按单个候选人登记竞选献金,并且法律要求每个候选人公布个人登记与竞选开支的理由,因此他们将 1998 年与 2002 年两次选举中企业对候选人的竞选捐助作为衡量企业与单个候选人之间关联的指标。他们认为使用竞选捐助作为政治关联的指标有两大好处:其一,有更强的目标性,可以直接衡量是否存在政治家和企业的联系;其二,可以度量政治关联的强度(以捐献多少),而非仅仅度量是否存在关联。随后,Ferguson 和 Voth(2008)研究 1933 年德国企业与纳粹党之间政治关联的价值时,采用企业领导为纳粹党或希特勒提供财务捐献以及在重要时刻为纳粹提供了政治支持作为衡量政治关联的指标。Cooper 等(2010)使用 1979—2004 年企业对美国政治竞选捐款数据构造了度量企业支持候选人程度的变量。但是 Faccio(2010)指出,以竞选捐助衡量的政治关联是一种较为短期的联系,相较而言,以高官政府背景和高管与官员间亲密关系刻画的政治关联更为长期和稳定。

以特殊事件后的股票回报来衡量政治关联出现在了 Leuz 和 Oberholzer-Gee(2006)对印度尼西亚政治关联企业的研究中。他们以 Fisman(2001)的研究中发现的当总理苏哈托的健康问题恶化的消息发布时紧密关联企业有负的超额回报为基础,运用 Fisman(2001)列举的六个关于苏哈托健康消息的事件,计算出每家公司在这六个事件后的累计股票回报。将累计回报乘以−1 以后,越大的数值代表了与苏哈托之间越紧密的联系。他们的数据结果显示,印尼企业在这六个事件后的平均

累计股票回报是 -4.6%，而且存在相当的变异，某些公司的损失超过了 20%，表现出了与苏哈托之间相当大的关联性。以特殊事件后的股票回报来衡量政治关联的意义在于它突破了以往研究中对政治关联衡量的局限。前面所述政治关联的度量方法考虑的是政治关联是怎样产生的，再从产生的源头——寻求度量的方法，而这个指标关注于政治关联带来了什么结果，是从结果的角度出发以政治关联造成的后果本身来度量政治关联的强度。

然而，这些指标在度量政治关联时也有诸多的困难。Fisman（2001）就指出定义政治关联是一件极其复杂的事情，特别是在那些政府决策权较为分散的国家中。通过高管政府背景以及与官员的亲密关系来定义政治关联，需要关于企业与数量庞大的政府部门之间关系的信息，并且还需要一种有效方式将这些关系进行加总。同时，由于政治关联常常隐匿于表象之下，这些关联信息的搜集工作将是十分困难的。而运用政府持股以及竞选捐助来衡量关联又仅仅只关注于政企间的所有权关联或是竞选关联这一种形式，忽略了其他关联方式。特殊事件后的股票回报这一指标始于事件研究，因此运用的范围必然有限。

Yan 等（2015）认为政治关联的强度可以通过这种关系给企业带来的后果来进行衡量，而不仅限于从政治关联如何建立这一方面入手。由于政府补助是企业建立政治关联时期望谋求的重要政治利益之一，因此，他们将政治关联带来的经济后果聚焦于政府补助之上，使用了获取的政府补助数额来衡量政治关联的强度。

3. 其他因素

在企业财务特征以外，许多能够影响补助发放决策的特征，如社会声誉等非财务特征也进入了研究者的视野里。Gonzalez 和 Pazo（2008）与 Petrovits 等（2011）都使用了企业成立时间来作为企业的经验与社会声誉的代理变量，均发现它与企业获取补助的可能性正相关。

由于受政府补助扶持的项目持续时间可能会跨越数个会计期间，并且以前的补助也可能因为政策的延续而继续执行，所以政府补助具有持续性（Gonzalez et al.，2005；Gonzalez and Pazo，2008）。同时，以往政府补助的申请经验也有助于新一轮的补助申请。因此，在前期获得过政府补助的企业再获取政府补助的可能性也会加大（Clausen，2009）。同时，由于信任的产生和加强来源于重复的交易行为，而前期的补助拨发便能够强化和促进政府部门与企业间的相互信任，利于双方未来期的进一步合作。并且政府和企业间的资金来往在某种范围内来讲是一种路径依赖的过程(Van Slyke，2003；Suarez，2011)，企业在前期获取政府补助可能已经形成了与政府间多方面的联结机制，因此企业曾经获取过政府补助的历史便能大大增加现在企业获取补助的可能性(Lu，2015)。Banno 等(2014)使用是否在以前获取过补助的变量来衡量企业获取外部资源的能力与经验，发现这个变量能够显著增加企业获取政府扶持政策的概率。

Blanes 和 Busom(2004)认为之所以以前研究中对研发补助带来的经济后果无法形成统一的意见，可能是因为企业在决定是否要申请某项补助时已经受到了多种因素的影响，造成了最终在度量政府补助经济后果时存在偏差。因此，他们关注了西班牙企业申请补助的环节，并发现企业以往的研发项目经验对企业申请成功率有显著作用，而企业规模对申请成功率的影响在面向不同行业的补助间和由不同政府部门发放的补助间有不同的作用。Takalo 等(2013)从企业申请补助的成本方面展示了企业是怎样决定是否申请补助，以及政府部门是如何决定补助发放的。他们发现企业决定是否申请补助取决于申请的可能结果，而政府部门作出补助决定时取决于收到的申请以及对申请的评定，比如芬兰国际技术局在发放补助时的决策标准就包括申请人的竞争力、该项目的技术前景、社会效益等。

从政府提供补助的动机来看，向企业提供这部分公共资源目的是要缓解由于市场失灵导致的对具有较大正外部性的项目投资不足的问题。唐清泉和罗党论(2007)认为既然补助的目标是增加社会福祉，那么如果企业承担的稳定就业、提供公共产品等社会目标越明显，自然能够得到补助的几率以及获取的数额就会越大。同时，从地方政府的角度来看，吸引资本流入是考核地方政府政绩的重要方面，因此地方政府也愿意利用提供补助的机会使资本更好地向本地区汇集，故而地方政府为了维护地区经济环境的良好形象，在发放政府补助时可能会有意向处于保牌或配股边缘的上市公司倾斜。郭剑花和杜兴强(2011)也发现，承担了更多雇员责任的政治关联企业能够获取到更大数量的政府补助。王红建等(2014)研究了2008年金融危机后影响扶持性补助发放的因素，他们发现为了获取这些扶持企业摆脱困境的政府补助，企业会进行负向的盈余管理活动，调低自身利润来获取政府的扶持。肖兴志和王伊攀(2014)同时考虑了企业的创新能力和盈余管理对政府分配政府补助时的影响，发现在对战略性新兴产业的补助中，二者都对补助的分配有影响，这说明政府在考虑资助对象时，促进创新依然是重要的动机之一，对战略性新兴产业的补助并未完全遭到扭曲。

此外,企业的公司治理程度也是被补助政策制定者所关注的因素之一,公司治理水平较高的企业被认为在使用补助资金的过程中会实施更好的监管,以保证此项资金能够被很好的使用。蒋艳和田昆儒(2013)发现股权集中度越高、第一大股东控制力越强的企业能够获取到更多的补助。Petrovits 等(2011)的研究也表明,政府在作出补助发放的决定时会参考 A-133 审计(州政府、地方政府和非营利组织审计)中所提供的企业内部控制报告,因此,那些内控制度良好的非营利组织会能比内控有缺陷的组织获取到更多的补助。Harris 等(2015)在探讨公司治理因素是否能够帮助非营利组织获得捐款人青睐的过程中,发现好的公司治理环境确实有助于非营利组织获取到更多的政府补助,特别是更完善的企业规章、接受更加独立的审计、更科学的薪酬制度、更少的管理结构缺陷,以及更高的财务税务信息的透明度,与获取的政府补助金额显著正相关。

2.2.2　宏观层面因素

在宏观经济数据中,国内生产总值(GDP)是衡量一个国家或地区总体经济状况的重要指标。Petrovits 等(2011)认为一方面当国内生产总值较高时,政府有更多资源用于补助的发放,因此国内生产总值对补助发放有正向影响,但从另一方面来看,当国内生产总值较低时,整体经济环境对于政府补助的需求会升高,也可能导致政府通过加大补助的发放量来刺激经济。

地方政府的财政状况也是会显著影响政府补助发放的宏观经济因素之一。地方政府只有在财政实力雄厚,能够有多余公共资源可以动用的时候,才会通过大量的补助发放来刺激特定的经济活动。Khanna 和 Sandler(2000)认为英国政府对慈善机构提供的补助受到两个宏观因素的影响:政府赤字率和政策倾向性。他们使用政府赤字占国内生产总值的比例,来衡量政府的财政状况以及预算条件:政府赤字率越大,政府能够向特定项目提供补助所受到的资金约束就越大。同时,他们使用给定年份英国政府向慈善机构提供的补助资金总额,来衡量了补助政策的倾向性,补助资金总额越大,说明政府对这一项目的政策倾斜性越明显,这些机构也就越容易获取到相应补助。余明桂等(2010)在检验政府补助来源的宏观因素影响时,也从财政赤字方面考虑了地方政府能够为当地企业提供的财政资源数量。唐清泉和罗党论(2007)的研究表明地方政府在向企业提供政府补助时会根据自身财政状况量入为出,因此地方政府的财政状况会显著影响企业获取到的政府补助数额,而且这种效应在由地方政府控制的企业里更为显著。潘越等(2009)也发现虽然政治关联可以帮助企业更容易获取政府补助,但这一效应只有在地方政府财政实力雄厚的地区才显著。当一个地区的财政富裕程度较高时,当地政府才拥有可提供给这些政治关联企业的资源,政治关联也才能在帮助企业获取政府补助的行动中发挥更大的作用。

许罡等(2012)从财政支出压力的角度分析了中国政府的财政分权化改革对政府补助的影响,他们认为由于分权化改革改变了政府支出结构,出于吸引投资的考虑,地方政府更愿意将财政资金投入房地产开发和基础设施建设等方面,因此在财政分权程度越高的地区,政府支出压力将导致政府能够提供的政府补助数额下降。

由于政府补助体现了国家的政策倾向性,所以各行业和各地区间获取的政府补助差异也非常明显(Khanna and Sandler,2000)。步丹璐和郁智(2012)通过对中国上市公司获取补助的统计分析发现,中国政府的补助政策有向中西部地区倾斜的趋势,对这些相对落后地区企业的扶持力度在逐年加大,同时,由于公共服务业和高新技术产业企业所提供的服务和产品具有较大的外部性,中国的补助政策也呈现出向这两个产业倾斜的现象。

2.3　现有研究述评

整体来看,政府补助的经济后果研究已经取得了较多的成果。现有研究从政府补助带来的投入额外性、产出额外性和行为额外性三个方面探讨了政府补助的配置效率,并在三者的交互关系方面也取得了一定的成果。同时,现有研究也对影响政府补助分配的因素进行了分析,从宏观层面的政府财政因素到微观企业层面的财务特征和政治关联等方面,探讨了政府补助配置过程中影响分配方向的因素。根据对现有研究的回顾分析,本书认为现有文献在以下几个方面提供了研究启示:

第一,已有关于政府补助经济后果的研究尚未取得一致的研究结论,因此有必要深入分析造成大量文献中实证结果相互冲突的根本原因。在实证检验中产生这种差异的原因可能并不能单单归咎于计量方法上的差异,政府补助的数量及其来源、企业经济活动自身的动态过程、企业面对的其他约束和限制可能都会影响到补助的经济后果(Angel et al.,2014)。鉴于此,本书将从政府补助本身设计层面的因素,例如资助对象的外部性大小、溢出效应强弱、政府补助的发放是否能够提供鉴证作用,以及补助的政策属性等因素,以及超额政府补助的形成原因等方面,来进一步探讨影响政府补助带来不同经济后果的原因。

第二,在现有文献中,大多采用的方法是对单项政府补助的经济后果进行分析,这样的做法可以直接观测某项具体政府补助的配置效率。然而,使用这种方法来研究政府补助的产出额外性却存在着一定的问题。相较于补助的投入额外性而言,由于研发活动或经营活动的不确定性以及产出的滞后性,更难直接将这种产出的变化归功于某项具体补助,更多的情况下是某一类政府补助共同作用的结果。因此,本书没有采用对单一政府补助经济后果进行分析的方式,而是在检验政府补助整体所带来的经济后果的基础上再分别对不同类别政府补助的经济后果差异进行了比较。

第三,政府补助的行为额外性研究正逐渐被学术界重视,引起越来越多的关注。不过,在现有研究中较多的是从整体上分析了政府补助给企业和其他利益相关者行为上带来的影响,而没有深入探究是否在不同的情形下,政府补助所带来的行为额外性会有差异。本书从这个问题出发,在研究企业管理者和外部投资者对政府补助发放的行为反应时,考虑了不同原因形成的超额政府补助是否会对企业管理层和外部投资者的行为带来不同影响,以期进一步丰富政府补助行为额外性的研究。

3 理论基础与制度背景

作为政府调控企业经营的重要介入手段之一,学术界普遍认为提供政府补助的动因是为了缓解市场失灵问题。同时,通过向企业提供资金支持这一行为,政府也向企业传递出了有关企业前景和项目质量的信号,从而缓解企业的融资约束问题。然而,在政府补助政策实施的过程中,补助配置方向又不可避免地受到多重因素的影响,导致政府补助配置效率损失的情况出现。鉴于此,本章将从政府补助政策制定环节和实施环节的理论基础和现实背景两个方面进行阐述,具体的本章结构安排如图 3.1 所示。

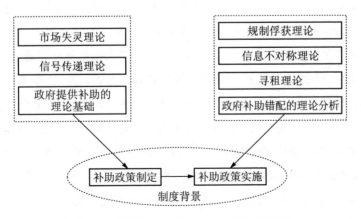

图 3.1　理论基础与制度背景的结构安排图

3.1 政府提供补助的理论分析

通常导致某项具有较高社会效益的经济活动中出现投资不足问题的原因主要有两个，其一是由于这项活动的外部性导致的私人回报小于社会收益，其二是由于信息不对称问题导致的资金缺口（David et al.，2000；Hall，2002）。政府向特定企业提供补助也是出于缓解以上两个问题的动机。因此，本节从与之相关的市场失灵理论与信号传递理论两个方面来分析政府向企业提供补助的动机问题。

3.1.1　市场失灵理论

政府向特定企业提供补助的理论依据来自市场失灵理论（Nelson，1959；Arrow，1962）。市场失灵是指在市场体系中阻碍资源有效配置的不完全性，表现在不完全竞争市场中，市场机制在面对外部性、公共产品和信息不对称等问题时出现了资源有效配置功能丧失的情况。如果企业某项活动或某类产品具有较大的正外部性，那么由于溢出效应的存在以及资产较低的专用性，将导致私人收益低于社会效益，从而使得这些具有正外部性的活动在由私人投资驱动时会被抑制，低于最优水平，导致市场失灵。因此，政府需要通过适当手段进行干预，保证这些活动正常进行，弥补这类活动中的私人投资不足问题（Wallsten，2000），而向这类企业提供政府补助正是能够有效缓解市场失灵问题的重要经济手段之一。Spence（1984）分析了在寡头市场里当溢出效应存在时企业的投资激励问题。他认为如果没有补助的存在，社会福利会随着企业数量的增加而降低。这样的结果源于同时发生的三种市场失灵现象的交互影响。首先，研发支出是一笔大额的额外固定成本，市场可能会趋于集中，形成不完全竞争，导致资源配置效率低下。其二，竞争对手在研发活动上的搭便车行为会降低企业进行研发投入的决心。第三，如果企业都使用相近的方法来降低成本，那么就会出现研发努力的重复浪费。在这样的情况下，随着企业数量的增多，资源配置效率低下、负面激励的存在以及研发努力的重复浪费会愈发严重，致使最优的企业数量是有限的。他指出在一个存在溢出效应的市场里，通过向企业研发活动提供补助是能够激励企业进行研发投入的有效手段。

具体来说，对于科技创新补助政策而言，政府动用大量资金来鼓励与刺激企业的研发活动是因为研发活动本身具有极强的外部性（Meuleman and Maeseneire，

2012)。Griliches(1992)在回顾大量文献的基础上认为,研发活动的社会效益与私人回报之间的差异十分惊人,按照他的预测,研发活动的社会效益比私人回报高出近一倍。此外,研发活动的溢出效应也会导致一项研究成果容易被竞争对手以更低的成本所模仿,当竞争对手将这些替代品推向消费者时,研发企业的利润就被侵蚀了。由于创新能够给技术变革带来大量的外部效应,而技术进步是经济增长的主要驱动力之一,一旦研发投入偏离最优水平,将会带来巨大的社会成本(Storey and Tether, 1998a)。因此,世界各国都向研发活动投入了大量的经费补贴,Storey 和 Tether(1998b)的研究就表明几乎所有的经合组织成员国都向企业提供补助,以刺激企业的研发活动。

对于产业政策而言,对新型能源行业的大量政府补助,也是源于防污治污和可续性发展项目所产生的正外部性(Lerner, 1999;海江涛和仲伟俊,2015)。企业对于新型能源的开发与利用所带来的溢出效应能够惠及大量其他企业,提升整个社会的总体福利水平。但是由于这些开发投入的成本极大,并且相较巨大的社会效益而言,短期内的私人回报偏低,导致了这些产业内容易出现投资不足的问题。因此,政府动用公共资金向这些特定产业提供补助就成为了合理的政府干预手段。

对于区域补助政策而言,之所以需要向发展缓慢地区的企业提供政府补助,是因为由市场失灵引起的产业聚集效应。不同地区之间经济规模、需求市场、熟练劳动力和技术水平之间的差异,加上优秀人才从落后地区向发达地区的迁徙,使得地区间的两极分化问题愈发严重。为了加快落后地区的发展,政府会向这些地区的企业提供多种类型的扶持政策,例如直接的资金援助、优惠贷款或者税收优惠(Begg, 1989; Tsoukalis, 1993)。欧洲投资银行(European Investment Bank)在其声明中指出:在经济状况不好时由于资本投资会向发达地区集中,所以那些占欧洲三分之二面积地区的人均生产量低于平均水平,而这正是为什么欧洲投资银行致力于将大部分资金用于为那些面临结构性调整或产业重振的发展中地区提供津贴的原因,同时欧洲投资银行的业务操作也会同欧盟委员会管理的基金部门提供的政府补助一起互为补充,尽力解决落后地区的经济发展问题(http://www.eib.org/obj/dev.htm)。

在因外部性问题引起的市场失灵问题之外,由于市场中的信息不对称问题引起的逆向选择也会导致市场交易的逐步萎缩,进而引发市场失灵。克服这一类型的市场失灵,可以向市场信息需求方提供更多的信息,缓解交易双方的信息不对称程度,而信号传递机制就是其中一项有效方式(Narayanan et al., 2000)。由具有信息优势的政府部门提供的补助正好可以向市场传递出关于企业质量的鉴证信息，缓解企业内外部之间的信息不对称问题。本书将在下一小节里详细讨论促使政府提供补助的另一项理论基础：信号传递理论。

3.1.2　信号传递理论

政府补助在通过直接的资金提供来扶持具有较强外部性的项目以缓解市场失灵问题之外，另一重要作用便是向市场传递出信号，降低内外部投资者之间的信息不对称问题，吸引外部资金向这些企业的流入，以此来解决由信息不对称引起的市场失灵问题。

Harhoff 和 Körting(1998)的调查发现，很多企业均表示外部融资的缺乏是他们进行投资活动的最主要障碍之一。由于在类似于研发活动这种不确定性较高的企业活动中，相较于外部投资者而言，企业对这个项目的特征、前景和风险拥有信息优势。这种内外部的信息差异容易引起由"柠檬"企业导致的逆向选择问题。设想管理层是拥有信息优势的一方，他们更了解企业的投资机会与相应风险，因此他们只会在企业股票被高估时发行新股。预期这样的情况会出现时，外部投资者向这类企业提供资金时便会要求更多的额外费用进行风险补偿，甚至完全挤出外部融资(Akerlof，1970；Leland and Pyle，1977；Myers and Majluf，1984)。

市场逆向选择问题出现的根源就是由于企业和外部投资者之间存在着信息差。一旦信息不对称程度能够下降，那么企业的融资约束便有望得到缓解。因此，学者普遍认为通过引入风险投资机构等金融中介机构，通过他们对企业的事前调查与事后监管，能够为投资者传递信号，减小内外部投资者之间的信息不对称程度。那么，同样拥有事前审批与事后监管流程的政府补助，是否也能通过信号传递缓解企业与市场间的信息不对称问题呢？Meuleman 和 Maeseneire(2012)认为在政府补助决策部门的独立性与专业性的假设前提下，他们作出的补助发放决策可以被看作对企业前景与质量的认可。因此，政府部门向企业发放政府补助的行为，就可以将因信息不对称的存在而难于观测的企业信息反映出来，从而降低内外部投资者之间的信息不对称程度，帮助企业更好地获取外部投资者的信任，赢得融资便利。最终，政府补助便能实现引导外部资金流向特定企业或特定项目的既定目标，使得那些具有较强外部性的企业经营活动得到更好的发展。

政府补助能否包含有价值的企业信息，取决于政府补助管理部门在进行补助发放决策时是否对企业和项目进行了认真、专业的筛选。相较于外部投资者而言，政府部门在项目筛选时拥有更大的信息优势(Meuleman and Maeseneire，2012)。申请补助的企业在项目申请书里需要披露有关该项目的大量非公开信息，包括技术可行性、项目前期准备工作情况、项目预期未来前景等等。在大多数政府补助项目决策阶段，政府还会聘请行内知名专家学者对申请者的项目内容进行审核。这种大面积的对项目质量的横向对比可以迅速准确地判定某一项目的开发潜力和相对质量水平。因而如果在项目审核过程中政府补助管理部门完全秉承了公平和公正的原则，那么最后能够获取政府补助的项目其质量必然是可以得到保证的。与政府部门具有这种信息优势相对的是外部投资者无法便捷地获取到这些申请书中披露的关键技术信息，仅能从传统的财务会计报表中分析该企业的情况(Lerner，2002)。这种政府部门与外部投资者获取到的信息差异在高新技术行业内尤为明显，这是因为高新技术企业中最能反映企业价值的资产存在于大量的无形资产里，而这些无形资产使用价值的相关信息却无法从财务报表会计里获取，外部投资者难以对项目风险和潜在收益进行准确评估。因此，政府补助的信号传递作用在高新技术企业里更为突出(Kleer，2010)。

　　大量实证结果也已表明，政府补助确实能够作为信息传递载体，通过向企业的信号传递缓解企业融资压力。SBIR 项目(Small Business Innovation Research Program)是美国最大的小企业创新研究扶持计划，Lerner(1999)分析了获得 SBIR 项目支持的企业表现。他发现与企业特征相似的未获助公司相比，SBIR 项目受助者在其后十年间有显著更高的销售和雇员增长。他将出现这种业绩差异的原因归结于资本市场的不完善，特别是那些不确定性较大的研发项目由于信息不对称难以获得资金。而获取 SBIR 项目支持可以为企业的质量以及企业项目的技术优势提供鉴证，因此有助于缓解资本市场不完善的问题。Meuleman 和 Maeseneire(2012)的结果也验证了 Lerner(1999)的结论。他们使用比利时中小企业的数据，发现研发补助提供了积极的鉴证信息，有助于企业获取外部融资。此外，当外部投资者评估项目质量难度越大时，政府补助的信号传递作用更明显，因此这种鉴证作用在初成立企业和高新技术企业中更为明显。

3.2　政府补助错配的理论分析

　　虽然市场失灵现象的存在使政府以提供补助为主的干预行为有了正当的理

由,但是在政府补助的配置过程中却可能出现很多问题。政府声称提供补助能够刺激经济增长并且他们会确保补助的配置效率,但在真正的执行过程中政府补助的分配和使用依然会受到多方干扰。对于政府部门而言,一个十分棘手的问题就是如何识别出拥有极大的社会效益但由于私人回报较低所以亟须额外资金支持的项目。Klette 等(2000)和 Lerner(1999)均指出,由于补助政策制定者受到政治压力和利益集团所影响,可能会将补助给予那些质量较差的研发项目。这些由私人利益驱动的扭曲行为就导致了政府补助的配置损失。规制俘获理论、信息不对称理论与寻租理论各自给出了政府补助的分配和使用中所面对的扭曲行为的理论解释。

3.2.1 规制俘获理论

规制俘获理论由 Olson(1965)和 Stigler(1971)首先提出,并由 Peltzman(1976)和 Becker(1983)逐步完善。所谓规制,即政府制定的一系列规章和制度来约束与限制企业的活动。政府规制的制定者是政府决策部门,针对的对象是某一产业或企业,其目标是按照政府既定目标管控企业的相关经济活动。以财政和税收政策为代表的政府规制的出发点是为了缓解市场失灵导致的外部性和信息不对称问题,然而 Stigler(1971)认为政府的这种权力可能会对产业和经济的发展产生潜在的威胁。政府对禁止或限制某种经济活动的决定权以及给予某些特殊经济个体直接资金支持的行为,使得政府可以选择性地帮助或者侵害某些企业的利益,因此,利益集团会有较强的动机去控制政府政策的制定。规制俘获理论认为补助政策一旦被那些特殊利益团体所俘获,那么政府部门和政府官员便只是私人利益集团驱动下的被动政策实施者,政府补助发放的结果最终也会损害公众利益而使这些特殊利益团体收益。Eisinger(1988)指出,这些企业可能会向所俘获的政府官员索取转移支付来直接增加他们的利润,而政府官员也会默许向这些政治关联企业提供这种资金。当这些关联企业获取补助后,这些资金却很有可能会被白白浪费或是满足了管理层的私利,而并不是被转换为实现企业长期增长的动力(Lerner, 1999)。

Johnson 和 Mitton(2003)的研究表明,在马来西亚与总理马哈蒂尔有政治关联的公司可以凭借这种关联获取政治偏袒。他们从马来西亚媒体的报道中识别出了三种主要的扶持形式:第一是令国有石油公司(马来西亚石油公司)向困难企业提供紧急救助,为政治关联企业注入现金以及通过购买资产来助其摆脱经济困境;第二是由政府出面与政治关联企业进行交易,以高于市价的价格购买股权或资产;第三是在进行金融体系改革时,政府主导将 58 家银行合并为 10 家超级银行,而在这过程里暗中使与总理马哈蒂尔有关联的银行获利。

这些情况都说明当政府官员成为私人利益集团的同谋者后,他所作出的决策并不会完全出于最大化社会整体福祉的目的,那些为了使私人利益集团受益而作出的决定往往会以损害社会效益为代价。在一个有效的市场体系里,资金分配应该遵循市场化规律和利益最大化原则。但是当政府出于与企业间的特殊关系动用公共资金对特定企业给予补助时,这种行为会违背资金分配的市场原则,使这部分公共资源的运用悖离价值最大化目标,导致真正有能力和需求的企业难以获得补助,最终造成政府补助的效率损失。

3.2.2 信息不对称理论

信息不对称理论认为在参与市场经济活动的各方均存在着信息差异,掌握越多信息的一方处于优势地位,而较少信息的一方则相对不利。由于双方的信息差异,信息优势方可能会做出损害信息劣势方的机会主义行为,而信息劣势方预示到这样的情况很有可能发生时,会通过要求额外的成本来作为风险补偿。Arrow (1963) 从医患关系的角度分析了由于医生拥有知识优势可能产生的机会主义行为,即道德风险。Aklorf(1970) 通过旧车市场的例子阐述了由于买卖双方的信息不对称导致的市场逆向选择行为。随后,信息不对称问题引起了经济学界和管理学界的广泛关注,并对此后关于市场和企业行为的研究产生了深远影响。

在政府补助的使用过程中,如果补助管理部门的事后监管缺位,便会使得企业作为补助使用方在处置和使用这笔补助时拥有极大的信息优势,于是他们便有机会利用这笔额外的资金流入最大化自身利益。首先,政府补助管理部门和受助企业之间的信息不对称容易引起企业努力程度的下降。政府补助作为一项可以直接计入企业盈余的经济利益流入,它为企业管理层提供了一个在经营管理活动中减少努力程度的借口。如果政府补助能够帮助企业从濒临破产清算的困境中解脱出来,那么相较于那些仍然需要面对潜在破产风险的企业而言,这些受资助企业就不再会去努力重组他们的业务,改进他们的经营。同样,由于政府补助已经帮助他们在名义上提高了企业效益,企业管理者将不再去费心尽力地寻求增加收入、降低成本的办法(Bergstrom, 2000)。其次,由于对资金使用监管的缺位,也会引起企业管理层利用政府补助牟取私利的机会主义行为。通过对政府补助这一能够显著影响会计盈余的外生变量的操纵,管理层可以将企业业绩的转好归功于自己的工作,借机获取更多的薪酬。因此,企业管理层有极强的动机不遗余力地用尽方法来获得政府补助,在获取到补助以后并不是将全部精力投入对这项资源的高效利用上,而是绞尽脑汁地将政府补助作为盈余管理的手段之一,利用这一外生变量来获取高额薪酬,造成企业薪酬体系向高管的不合理倾斜,使企业内部出现更大的薪酬差距(罗宏等,2014;步丹璐和王晓艳,2014)。

由此可见,由于补助事后监管缺位导致的补助管理部门与企业间的信息不对称问题,会引起企业管理层最大化自身利益的机会主义行为。当他们致力于使用这笔资金为自己牟取私利时,这笔资金也就难以再按照政府补助发放的初衷,投入政府希望扶持和鼓励的经济活动。最终,由于政府补助管理部门和企业之间信息不对称问题的存在,导致了补助使用效率的下降。

3.2.3 寻租理论

寻租理论认为当存在与政府干预相关的特权时,当企业发现通过竞争来寻利有困难后,便会转而进行寻租活动,谋求额外的利益(Tullock,1967;Krueger,1974)。这种租金形成的根本原因是政府对稀缺资源的掌控,而这也是寻租活动产生的直接动力。当企业渴望得到这份由政府管制的稀缺资源时,便会通过寻租活动来实现(Khalil et al.,2015)。放在政府补助的发放过程中来看,如果政府权力在行使过程中得不到有效的监管和约束,掌控补助发放决定权的政府官员便会在利益的驱动下使用手中对补助的支配权进行创租活动。这样在政府官员和企业之间就形成了一种特殊的供需关系,在企业寻租的同时官员也在积极创租。Shleifer 和Vishny(1994)通过理论模型的分析认为政府向企业提供的政府补助并非完全出于缓解市场失灵问题的考虑,相反,这些补助很可能是他们之间的寻租活动所付出的租金。

因此,为了获取政府补助,不仅仅需要企业努力使自身条件达到补贴政策中的硬性标准,通过与掌控补助发放决定权的政府官员进行寻租活动也是可以帮助企业获取补助的重要因素之一。特别是在地方政府拥有较高自由裁量权的地区,企业与政府间的非正式联系对能否获取政治偏袒而言意义尤为重大(Calomiris et al.,2010)。

然而,这类政府补助的发放可能会造成政府补助配置效率的降低。当政府出于双向寻租的目的动用公共资金对特定企业给予补助时,这种行为会违背市场化规律和利益最大化原则,使这部分公共资源的运用悖离价值最大化目标。同时,当政府补助所带来的收益足够高时,那些有可能获取到补助的企业,可能会变得更加热衷于将精力花费在寻租活动中(例如建立政治关联),而荒废了正常的生产经营活动,导致政府补助的效率损失(Bergstrom,2000)。

3.3 制度背景

Allen 等(2005)指出,政府补助与银行贷款、企业自我筹资,以及外商直接投资,是中国企业最重要的四种资金来源。出于政治、经济和社会等多方面因素的考虑,中国政府常常给予企业补助,以引导行业的发展或鼓励特定的经济活动(Chen et al.,2008;Girma et al.,2009),并且已将补助政府补助的发放和配给写入了中国的法律。《中华人民共和国科学技术进步法》要求我国各级政府在预算的编制中要体现法定增长的要求,在预算执行中的超收分配时也要向科技经费重点倾斜,保证科技经费的增长幅度明显高于财政经常性收入的增长幅度。《中华人民共和国中小企业促进法》也要求中央财政预算应当设立中小企业科目,安排扶持中小企业发展专项资金,地方政府则应当根据实际情况为中小企业提供财政支持。

近年来,中国政府的中央决策机构也屡次强调需要通过财政政策来保证宏观调控目标的更好实现。2006 年中国国务院颁布的《国家中长期科学和技术发展规划纲要(2006—2020 年)》中指出同发达国家相比,中国科技投入还存在着不足,需要实施激励企业技术创新的财税政策,通过财政直接投入、税收优惠等多种方式充分发挥政府在科技投入中的引导作用,增强政府投入调动全社会科技资源配置能力。2015 年 11 月中国共产党第十八届中央委员会在《关于制定国民经济和社会发展第十三个五年规划的建议》中提出要依据国家中长期发展规划目标和总供求格局实施宏观调控,并需要进一步完善以财政政策、货币政策为主,产业政策、区域政策、投资政策、消费政策、价格政策协调配合的政策体系。由此可见,政府补助政策在十三五期间将继续作为中国实施和达成宏观调控目标,推动新技术、新产业、新业态蓬勃发展的重要经济手段发挥重要作用。与此同时,政府补助政策的针对性、准确性、协调性和透明性也成为了需要政策制定者和监管者重点关注的方面。在

2015 年中央经济工作会议中,中央政府更是明确提出要全面推进供给侧结构性改革,培育发展新产业,加快技术、产品、业态等创新。为此,要加大力度推行积极的财政政策,阶段性提高财政赤字率,适当增加必要的财政支出和政府投资,同时产业政策要为结构性改革方向提供支持,坚持创新驱动,加快绿色发展。

总体而言,中国的政府补助主要有以下几个特征:

首先,政府补助的提供具有政策性。政府补助是政府为了实现特定的政治或经济目标而制定和实施的,那么其必然需要服务于国家政策。因此,政府补助的资助对象、资助形式以及资助数额的确定会取决于特定时期的国家大政方针。

以中国的区域政府补助政策为例,类似西部大开发项目财政补助以及振兴东北项目财政补助都是源起于特定时期的中国中央政府所定调的经济发展大方向。

在 2000 年,国务院在调研讨论了西部地区经济发展状况后,为了拉近东西部地区经济发展区域差异,防止东西部地区发展差距进一步拉大,实现东西部地区协调发展,研究并实施了加快西部地区发展的一系列政策,并在《中华人民共和国国民经济和社会发展第十个五年计划纲要》中明确部署了实施西部大开发战略的具体措施。由此,各级财政税务部门推出了西部大开发项目财政补助来推动陕西、甘肃、宁夏、青海、新疆、四川、云南、贵州、重庆、西藏、广西、内蒙古等西部地区的产业结构调整转型、企业的创新与区域经济的开放。中央政府明确指出通过推行积极的财政政策来动用更多的财政资源支持西部地区建设。例如,在国家税务总局出台的《关于深入实施西部大开发战略有关税收政策问题的通知》中,明确指出对西部地区的鼓励类产业在 2020 年前可以享受 15% 的企业所得税优惠税率,并可以与《企业所得税法》及其实施条例和国务院规定的各项税收优惠条件叠加享受,总共惠及西部 12 省 40 大类数百项产业的发展。截至 2009 年,中央累计投入财政性建设资金 5 500 亿元,财政转移支付 7 500 亿元,长期建设国债资金 3 100 亿元。

振兴东北项目财政补助则是源于中国政府于 2003 年提出的振兴东北老工业基地的战略部署。为了支持东北地区老工业基地加快调整和改造、促进区域经济协调发展,中央政府设计并实施了振兴东北老工业基地战略。其中,为了落实推进东北地区国有企业改革、大力发展非公有制经济和中小企业、做强支柱企业以及培育潜力型产业,各级财税部门出台了多项税收优惠政策、项目补贴与财政贴息政策来支持东北地区传统产业升级改造与新兴产业的培育发展。在 2016 年 8 月国家发改委印发的《推进东北地区等老工业基地振兴三年滚动实施方案(2016—2018 年)》

中,再次分年度明确了 137 项重点工作和 127 项重大项目,预计总投资规模在 1.6 万亿左右,投资包括企业自筹资金、地方政府配套资金和国家补助资金,预计相关配套支持政府财税补助政策也会相应颁布。

由此可见,中国政府补助政策首要目的即是服务国家方针战略,起到维护和稳定国家政治经济秩序、调节社会关系的作用,具有极强的政策性。

第二,政府补助政策具有系统性。中国现行政府补助政策种类齐全,涵盖了中国社会、经济发展的各个层次和方方面面,从企业采购环节、研发环节、生产环节,到中间的流通环节,再到最后终端的消费环节,都纳入了相关政府补助政策的资助对象。同时,各种政府补助政策之间也有相当紧密的联系,能够避免单一补助政策的局限性,实现多种补助政策的相互协同和配合。因此,多种政府补助政策组合成为了一个有机的财政支持整体系统,不同种类和功能的补助政策之间相互配合,使之有效实现中国政府的既定政治经济目标。

以节能减排相关政府补助政策为例,中国节能减排政府补助的设计和实施体现出了很强的系统性。从生产者的角度,中国政府出台了大量补贴政策来激励企业提高能源资源综合利用效率、减少污染物的排放,在生产经营的各个环节中鼓励企业综合考虑经济消息与环境效益,实现经济效益与环境效益的协调发展。例如,在上海市颁布的《上海市循环经济发展和资源综合利用专项扶持办法(修订)》中,指出对建成投产并稳定运行、发挥资源环境效益的项目进行专项扶持,对符合条件的固定资产投资类项目,按照不超过项目实际完成投资额的 30% 给予补贴,以推动生态文明建设,转变经济发展方式。从消费者的角度,中国政府也出台了鼓励消费者购买节能环保产品的补贴政策,降低消费者购买节能减排产品的实际支出,提高消费者对清洁节能型产品的需求,以促进和引导绿色消费理念。例如北京市 2015 年 11 月颁布的《关于实施节能减排政策的通知》中,指出在 2015 年 11 月至 2018 年 11 月间,在全市范围内购买和使用符合国家质量标准的电视机、电冰箱、洗衣机、空调等九大类节能减排商品时,给予 8%—20% 的资金补贴,来鼓励对节能减排产品的消费。在生产端和消费端共同的补助政策刺激,可以全面系统地鼓励企业对节能减排产品的生产,同时通过鼓励大众使用优质清洁节能型产品实现真正意义上的节能减排。

第三,政府补助政策的制定具有灵活性。由于政府补助政策服务于国家政策,而国家政策的制定与推行会根据一定期间内政治经济形势的变化而产生相应调整,并非一成不变。因此,为了实现国家短期政治经济目标,政府补助政策也会随着国家政策方针的变动而进行调整,具有一定程度的动态性和灵活性。

以中国政府对光伏产业的补贴政策为例,为了推动光电这种绿色能源新兴产业,中国政府对光伏项目提供了大量的政府补助。从 2005 年开始,中国政府为光伏组件企业提供了涉及土地、税收和贷款贴息方面的多重补贴政策,例如为了鼓励中国光伏组件产品的出口,政府为光伏企业提供了高额的出口退税。这些补贴政策使得中国光伏组件制造产业在 2005—2008 年间得到了快速发展,光伏组件产能占到全球 50% 以上,成为全球光伏产业链中最强的一环。然而,随着 2008 年开始的全球金融危机,再加上美国和欧盟在 2010 年开始对华进行的光伏组件反倾销和反补贴调查,中国光伏组件的主要出口地市场大幅萎缩,亟须中国光伏产业进行转型,从以出口为主的中游组件发展模式逐渐转变为全力带动中国国内下游光伏发电市场的发展模式。鉴于此,从 2009 年开始,中国财政部联合科技部和国家能源局及时推出了"金太阳"工程,对于列入名单的太阳能屋顶项目,给予 50%—70% 的建设端补贴,希望借此开启国内光伏发电规模化的大门,极力推动中国光伏发电项目的发展。2009—2013 年间,共有 900 多个项目被列入补贴名单,中央财政对这些项目的补贴达 200 余亿元。但是随着金太阳工程的发展,政府开始反思对光伏组件企业的扶持政策,并在 2013 年的光伏新政中把进行初投资补贴的金太阳工程,即用财政收入直接补贴工程建设的模式,改为分布式光伏发电度电补贴模式,即根据光伏电站建成后的发电量和实际利用率来提供补助。初投资补贴鼓励投资者压低电站成本造价,度电补贴则要求投资者通过提升电站质量来获利,因此改为度电补贴模式后,可以有效避免初投资补贴模式下可能出现的财政资金流失和浪费的漏洞,能够更好地推动国内光伏发电终端的发展。由此可见,中国光伏产业政府补助政策一直处于动态调整的状况,政府相关部门会根据现时国内外经济形势和以往补助发放后的实际效果进行不断完善和调整,体现出中国政府补助政策具有一定的灵活性。

第四,政府补助资助对象具有特定性。政府补助的提供是依据特定时期内宏观经济形势下的特定政策而指定的,故其资助目的与资助的对象和范围也是相对特定的。因此,政府补助的提供不具有普遍性,它只在特定的区域或产业与特定的产品或项目中发挥调节作用。

以中国政府对中小企业的政府补助政策为例,根据《中华人民共和国中小企业促进法》,为了支持中小企业加快发展,政府提供了中小企业发展专项资金,来支持和鼓励中小企业的技术改造项目、战略性新兴产业项目、服务环境改善项目等多项项目的进行。在这一系列的补助政策中,最基本的申报约束条件便是申报企业必须为中小企业。为此,发改委、工信部专门出具了《中小企业划型标准规定》,分行业根据企业职工人数、销售额、资产总额等指标划分了中型、小型、微型三种类型企业。凡是申请中小企业发展专项资金的企业必须符合相关中小企业划分标准,清晰地体现了中国政府补助政策的特定性。

第五,政府补助的提供具有时效性。当政府补助服务的国家政策发生变化时,政府补助政策也会进行相应调整。如果某项宏观经济政策实施完结时,相关的政府补助政策也完成了既定的目标,随后也会相应终止,体现出政府补助政策的时效性。

以中国政府对新能源汽车提供的补助为例,为了鼓励清洁能源汽车的使用,推进节能减排,促进大气污染治理,政府于2010起对新能源汽车的购买者实施价格补贴。然而随着新能源汽车技术的不断发展和成熟,公众对新能源汽车逐渐认同,中国的新能源汽车补贴额度随之不断下降,享受补贴的车辆标准也在逐年提高,显示出政府希望由市场来推动和完成新能源汽车发展的意图。2016年7月,石家庄市政府更是在《关于调整新能源汽车推广补贴政策通知》中,将发放购买新能源汽车的补助对象限定于纯电动城市公交车,明确规定个人购买新能源汽车将不再给予政府补助支持,显示出国家实施新能源汽车补贴退坡政策的清晰意图。由此可见,中国政府补助政策具有明显的时效性。

在一系列政府补助政策的刺激与推动下,中国在节能减排、科技创新、产业升级等多方面均取得了大量成果。统计局在发布的十二五总结报告中指出,由于中国政府对工业转型的积极推动,中国工业发展向中高端稳步迈进,工业化和信息化深度融合,在2011—2014年间中国装备制造业和高技术产业增加值年均增长率均快于规模以上工业增加值,达到13.2%和11.7%。在节能降耗领域也成效显著,单位产出能耗大幅下降。在2014年,水电、风电、核电、天然气等清洁能源消费量占能源消费总量的比重比2010年提高3.5个百分点,达到16.9%。2011—2014年间,单位国内生产总值能耗累计下降13.4%。同时,科技创新也成果斐然,2014年国家专利局受理境内外专利申请236万件,授予专利权130万件,分别比2010年增长93.2%和59.9%。这些成果的取得离不开我国每年发放的巨额政府补助对产业升级转型、新型能源运用、可持续性发展和科技创新的扶持和激励。

　　然而,在政府补助政策的现实执行过程中,也确实存在着一系列的违规违纪套取补助资金的问题。在《国务院关于 2014 年度中央预算执行和其他财政收支的审计工作报告》中,审计署发现一些企业和个人采取伪造社保证明、签订虚假合同、虚报职工人数、重复申报等方式,骗取专项资金 12.6 亿元。在审计署《关于 2014 年度审计移送的重大违法违纪问题情况的说明》中也指出,由审计移送的涉及重大违规违纪问题公职人员中,大部分与其滥用权力、内外勾结相关,这些公职人员通过采取包装申报资料、操纵资产评估、攻关采购招标、搭桥巨额融资等手法,暗中支持或直接参与骗取各类补助资金。例如湖南省发展改革委原总经济师杨世芳等人通过中介机构承揽有关申报和评审等服务,再利用审核中央投资补助的便利为这些申报企业骗取中央投资补助 1 300 多万元。2013 年查处的财政部企业司综合处原处长陈柱兵案以及 2015 年查处的广东省科技厅原厅长李兴华案都显示出政府官员利用掌管国家专项资金管理权的便利牟取私利的行为。陈柱兵在担任财政部处长期间帮助企业获取物联网发展专项资金和冶金独立矿山专项资金等收受贿赂 2 400 余万元。李兴华在担任广东省科技厅厅长期间也涉嫌收受 1 900 余万元的好处费,帮助多家科技企业通过审批获取超过 2.7 亿元的科技扶持资金。

　　由此可见,目前中国的政府补助情况一方面是国家每年进行着巨额的政府补助投入,而另一方面则是政府补助执行过程中的违规违纪行为屡见不鲜。在这样的制度背景下,深入仔细地探讨政府补助的配置效率是亟待完成的重要工作。

　　鉴于此,本书通过考察不同类别政府补助对企业业绩的影响,研究不同类别政府补助对企业财务绩效的影响差异以及企业管理层和外部投资者对政府补助发放的行为反应,并最终期望探究出超额政府补助中到底蕴含着怎样的信息,为中国政府补助政策的制定与监管提出建议,也为会计财务报告的使用者利用政府补助数据进行相关决策提供依据。

4　政府补助的分类与超额政府补助的度量

本章 4.1 节详细介绍了将政府补助分为技术类政府补助、经贸类政府补助、扶持类政府补助、税务类政府补助和其他类政府补助的分类原理,并对各类别政府补助进行了描述性统计分析。4.2 节介绍了超额政府补助的估计模型与具体计算方法,并在对政府补助进行分类的基础上估算了每个类别的正常性政府补助与超额政府补助。

4.1　政府补助的分类

4.1.1　政府补助的分类原理

为了缓解市场失灵的问题,中国政府会向企业提供补助,以扶持和激励某些特定经济活动的进行。这些特定经济活动的确定从根本上来讲是来源于中央政府大政方针所指明的方向,从具体设计和执行来讲是受控于各补助主管部门进行的规划调研。因此,在中国现行的补助政策中,根据补助主管部门的行政职责和目标的不同,受助对象也多种多样。科技部门主管的政府补助主要用于鼓励研究开发和技术创新、培育和发展战略性新兴产业与高技术产业、推动科技合作与交流等。商务部门主管的政府补助侧重于加快开放型经济的建设、鼓励与刺激出口等。经信委和发改委牵头的政府补助项目则更看重产业转型升级和可持续发展方面的目标。虽然这些科技、经济和产业政策的目标多种多样,甚至有时会出现互相冲突的情况,但是从整体上来看,政府提供这些多种多样的津贴、补助和扶持计划的总体意图,一定是促进受助企业的发展,提高社会整体福利水平。

然而,不可否认的是,由于各类补助的目标和受助对象的不同,他们对缓解市场失灵问题的贡献也有所差异。

从资助对象所具有的外部性来看,对生命科学和生物技术的支持,能够改善和提高人们的生活质量;对信息科学技术的推动,能够加快各产业进步的步伐;对能源科学和技术的鼓励,能够为解决世界性的能源与环境问题开辟新的途径。然而,在中国国务院颁布的《国家中长期科学和技术发展规划纲要(2006—2020 年)》中,依然指出同发达国家相比,中国科技投入的强度和总量还存在着不足。因此,为研究开发和技术创新活动、节能和降耗项目以及防污治污项目这些具有较强正外部性的活动提供政府补助,可以充分发挥政府在项目投资中的引导作用,更大程度地削减由于这些活动中溢出效应的存在以及资产的较低专用性使私人投资受到抑制对社会效益产生的负面影响。而类似于困难企业补助之类的扶持性补助,由于补助对象企业本身大多就是业绩不佳、经营不良,他们往往都是依靠政府的帮扶才生存下来的"僵尸企业",长不大、死不了,靠政府补助勉强度日。政府补助被这类企业所占用能够换来的经济效益和社会效益可以说是微乎其微。

从政府补助的信号传递作用来看,Kleer(2010)认为如果希望政府补助能够向外部投资者传递信号,以缓解内外部信息不对称导致的市场失灵问题,那么政府补助必须能够有效甄别出企业能力和项目质量。然而纵观中国的各项政府补助,其申请条件、审批流程与事后监管力度都不尽相同。对科技创新、节能技改等技术性补助而言,政府对申报范围、申报条件和资金使用大都有明文规定。例如在上海市科学技术委员会发布的《2014 年度国家重点新产品计划项目申报与评估工作的通知》中明确指出该项目仅限生产和销售符合《国家重点新产品计划支持领域(2014年)》产品的企业申报,在支持类别中也对重点新产品和战略性创新产品的概念和应具备的条件作出了详细阐述,并在申请材料中除一般性的营业执照等资料外,还需要企业提交可说明申报产品的知识产权归属和授权使用的证明文件(如专利证书、技术转让或合作协议等)、特殊行业许可证(如申报产品为医药、医疗器械、邮电通信等有特殊行业管理要求的新产品,需提供医药 GMP 认证、新药证书、3C 认证、通信产品入网证等)、质量技术监督机构备案的产品企业标准的认可证明、权威机构检测报告、科技成果鉴定证书、不少于两份的用户意见报告,以及诸如省部级以上的获奖证书、ISO质量体系认证证书等其他证明材料。在对该项目的审批中,也会委托上海科技咨询有限公司按照国家重点新产品评估规范组织评估,再由市科委进行审定、汇总、择优排序后推荐上报科技部。这些足以见得政府对该项补助的审批和监管要求之严,这也从另一个侧面表明如果企业能够获得国家重点新产品计划的资助,那么该项产品有很大可能确实是技术含量高、前景出众的优秀产品。

相反,在其他一些扶持类补助中,外部投资者很难区分获取补助与未获取补助企业之间企业能力和前景方面的差异。例如在《湖北省关于支持企业开展职工培训稳定就业岗位补贴办法》中规定申请企业只需满足全员参加失业保险并足额缴纳失业保险费、上年度没有人员失业,以及按规定使用职工教育经费三项条件即可。即使企业能够获取这类补助,也无法向外部投资者提供有关企业能力和项目质量的有价值信息,那么意欲借此补助缓解内外部投资者之间的信息不对称程度的想法也就难以实现。

由此可见,政府各部门出于本部门的行政职责和目标发放的各类政府补助中确实存在着明显差异。这种来自政府补助本身设计层面的差异,将引起各政府补助在配置过程中的差异,并最终导致不同种类政府补助的效率差别。然而,目前学术界很少对这种源自政府补助设计层面差异引起的政府补助配置效率差异进行深入研究,而这确实又是导致各项政府补助的产出额外性出现差别的重要原因之一。

鉴于此,本书按照政府补助设计层面的差异性,将政府补助分为技术类政府补助、经贸类政府补助、扶持类政府补助、税务类政府补助和其他类政府补助,并在后文中分别研究了不同类别政府补助对企业财务绩效的影响差异,以及企业管理层和外部投资者对不同类别政府补助发放的行为反应差异,力图深入探究政府补助的配置效率问题。具体而言,本书在综合考虑了政府补助资助对象的外部性大小、溢出效应强弱、政府补助的发放是否能够提供鉴证作用,以及补助的政策属性等因素之后,对政府补助进行了以下分类:

1. 技术类政府补助

本书将科技创新补助政策、节能环保补助政策和技术改造补助政策划分为技术类政府补助。这类补助的特点在于作为资助对象的研发创新活动、防污治污活动等项目的外部性较高,社会效益较大。由于这些活动能够为技术变革、社会福利和人员就业带来大量的外部效应,一旦它们的投入偏离最优水平,将会带来巨大的社会成本,因此政府不仅会为这些项目提供大量补助,并且会更加注重这类补助的发放审批和事后监管。同时,对这类高技术含量项目质量、风险和前景的评估难以从传统的财务报表分析中获取到有价值的信息,因此,如果政府部门能提供关于这类项目的鉴证信息,将能在更大程度上缓解内外投资者间的信息不对称问题。

具体而言,技术类政府补助里包含的补助项目主要有科技三项资金财政补贴、科技创新专项资金、科技成果转化资金项目、高新技术产业化专项资金、专利专项资助资金、科技企业孵化器扶持基金、技术中心创新能力建设项目拨款、产学研合作专项资金、节能减排专项资金、节能环保补助、环保治理专项资金拨款、节能改造项目专项经费、挖潜改造专项资金、技术改造项目专项经费等。

2. 经贸类政府补助

本书划分的经贸类政府补助主要涵盖了产业补助政策、区域补助政策和贸易补助政策三个方面。这一系列补助的主要目的在于鼓励和支持重点行业或重点区域内的企业转型升级、推动外向型经济发展等。相较于技术类政府补助的资助对象大多具有较强外部性而言,经贸类政府补助的资助对象存在不同的情况:既有像战略性新兴产业补助这些对可续性发展项目的鼓励和支持,但是同时也存在着向落后地区企业的帮扶补助。因此,本书认为较技术类补助而言,经贸类政府补助资助对象的外部性程度较低,同时审批和监管要求也较为宽松,能够向外部投资者提供的有关企业能力和项目质量的鉴证信息保证力度较弱。

具体而言,经贸类政府补助里包含的补助项目主要有产业发展项目补助、战略性新兴产业专项资金、重点行业结构调整专项资金、企业转型升级专项资金、中小企业发展专项资金、新型工业化专项资金、中部崛起项目财政贴息资金、西部大开发项目财政贴息资金、振兴东北项目财政贴息资金、中小企业国际市场开拓资金、开放型经济转型升级资金、促进外贸及引资专项资金补助、对外经济技术合作资助资金、外经贸发展专项资金、企业走出去专项资金、外向型经济专项资金、出口信用保险专项扶持资金等。

3. 扶持类政府补助

本书将扶持类政府补助定义为,那些旨在帮助和扶持企业摆脱困境的政府补助,以及政府对特定企业的补偿和奖励。这类补助的普遍特点在于,申请的门槛较低,申请的条件较为宽松,审批的流程较为简单,对资金用途的监管比较薄弱,并且这类补助的发放也并非更多地出于缓解市场失灵问题的考虑,自然受助项目的外部性普遍较低。同时,这类政府补助也几乎无法将由于信息不对称的存在而难以观测的有关企业能力和项目质量的信息反映出来。

具体而言,扶持类政府补助里包含的补助项目主要有困难企业补贴款、稳定就业岗位补贴、再就业安置费、社保补贴、企业扶持奖励、上市融资奖励资金、财税先进奖励、用电奖励资金、突出贡献奖励、纳税奖励、拆迁补偿、土地补偿款等。

4.税务类政府补助

中国政府补助里包括了数量众多的税收优惠政策,企业享受税收优惠的条件也纷繁复杂。例如中国增值税政策中涉及的减免情形就包括采购国产设备增值税退税政策、技术维护费用抵减增值税政策、福利企业增值税退税政策、再生资源增值税即征即退政策、安置残疾人增值税即增即退政策、软件产品增值税退税政策、环保支出增值税先征后返政策等。由于企业对于获取的税收优惠披露详细程度的问题,难以准确将涉税类政府补助划归为技术类、经贸类或是扶持类政府补助,所以本书按照补助政策的政策属性将税务类政府补助单独归为一类。

具体而言,税务类政府补助里包含的补助项目主要有增值税退税、企业所得税返还、房产税减免、土地使用税减免、消费税减免、契税返还、个人所得税手续费返还、水利建设专项资金减免等。

5.其他类政府补助

由于部分企业对政府补助的披露不够详细,往往只披露了收到来自某财政局补助,但没有披露具体的补助项目名称,所以本书将这类披露不明确的补助归为其他类政府补助,单独进行分析和计算。

本书对政府补助进行分类的分类原理与分类结果如图 4.1 所示:

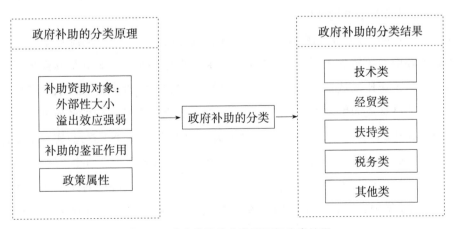

图 4.1　政府补助的分类原理与分类结果

4.1.2 政府补助类别的描述性统计

本书选择的样本来自 2008—2012 年沪深两市民营上市公司。样本期间的选择兼顾了中国政府补助的现实背景和实证数据的可得性,具体原因主要有以下几点。首先,为了应对 2008 年全面爆发的全球金融危机,中国政府采取了积极的财政政策来促进中国经济的平稳较快增长,即后来被称为"四万亿计划"的一揽子措施。其中,政府补助政策便是这四万亿计划中极为重要的积极财政手段。因此,本书选取 2008 年后的企业样本来分析政府补助的产出额外性和行为额外性,目的之一也是为了进一步研讨四万亿投资中政府补助的配置效率问题。其次,中国上市公司于 2007 年全面使用新企业会计准则,在此准则中对于政府补助的确认和计量较之以前有较大的改变,为了保证政府补助数据的一致性和可比性,本书使用了新会计准则颁布后的年度进行分析。同时,由于后文模型中需要使用前一期的政府补助数据,故样本期间的起点选择了 2008 年。最后,为了缓解内生性问题,本书需要使用滞后 1—3 期的企业产出和行为反应指标,因此样本期间的截止点选择了 2012 年,以便有 1—3 年的数据期来搜集企业产出和行为反应指标。

当一个企业的终极控制人是个人或非国有实体时,这个企业被定义为民营企业。鉴于后文回归模型需要使用滞后一期的数据以及 IPO 企业的异常表现,排除了当年 IPO 企业。除此之外,还剔除了数据缺失的上市公司和金融类上市公司。最终,本书得到了 2 630 个观测值,构成研究的民营企业样本。本书所使用的政府补助数据来自企业年报附注的手工搜集。本书逐一按照企业年报附注披露的政府补助具体信息,将每家企业获取到的政府补助进行类别划分,统计得出每家企业所获取的各类别政府补助数额。

表 4.1 列示了政府补助合计数的描述性统计信息。表 4.1 的统计结果显示出政府补助的数额逐年增长,覆盖范围也逐年扩大。研究样本中获取到政府补助的民营企业比例从 2008 年的 81.79% 增长到 2012 年的 94.06%,从政府部门获取补助已然成为民营上市公司的普遍现象。民营企业获取到的政府补助平均规模也有显著增加,从 2008 年的 1 144 万元到 2012 年的 2 383 万元,实现了超过 1 倍的增长,平均近千万元的政府补助对民营企业的重要性不言而喻。然而,五年间各个民营企业获取到的补助金额差异也在不断扩大,政府补助的标准差由 2008 年的 60.81 增加到了 2012 年的 125.95,显示出政府补助在各企业中的分配广而不均。

表 4.1　政府补助的描述性统计：合计

年　份	2008 年	2009 年	2010 年	2011 年	2012 年
N	390	453	540	573	674
均值	11.441 4	11.745 2	15.937 0	20.334 3	23.826 2
标准差	60.811 8	62.301 1	90.952 2	108.739 8	125.950 2
极小值	0.000 0	0.000 0	0.000 0	0.000 0	0.000 0
25%分位数	0.439 6	0.595 6	0.663 3	1.759 6	2.121 4
50%分位数	3.013 3	3.796 4	3.944 2	5.044 4	7.032 8
75%分位数	8.126 7	10.400 1	12.123 5	14.139 7	18.403 3
极大值	1 080.140 0	1 280.793 0	2 002.149 0	2 368.710 0	3 081.253 0
没有获取到补助的公司数	71	68	70	51	40
获取到补助的公司数	319	385	470	522	634

注：政府补助的单位为 100 万元。

表 4.2 列示了技术类政府补助的描述性统计信息。从表中可以看出中国民营上市企业获取的科技创新政府补助、节能环保政府补助和技术改造政府补助等技术类政府补助显示出稳中有升的情况。取得技术类政府补助的企业占比从 2008 年的 41.79%稳步上升到 2012 年的 69.28%。不同于政府补助合计的统计情况中的一点是在技术类政府补助中，2011 年的统计数据里由于极大值的原因使政府补助的平均值和标准差较 2010 年而言有较大增加。不过，从 2012 年的统计数据来看，又回归到了前几年的平稳增长态势中。

表 4.2　技术类政府补助的描述性统计

年　份	2008 年	2009 年	2010 年	2011 年	2012 年
N	390	453	540	573	674
均值	1.488 3	2.373 5	2.993 3	5.039 1	4.306 8
标准差	4.386 9	8.793 3	12.804 4	35.989 0	19.512 4
极小值	0.000 0	0.000 0	0.000 0	0.000 0	0.000 0
25%分位数	0.000 0	0.000 0	0.000 0	0.000 0	0.000 0
50%分位数	0.000 0	0.235 0	0.285 5	0.496 1	0.700 0
75%分位数	1.000 0	2.188 3	2.383 3	2.646 5	3.042 4
极大值	56.006 3	167.034 0	266.264 7	786.938 7	355.576 0
没有获取到补助的公司数	227	192	225	200	207
获取到补助的公司数	163	261	315	373	467

注：政府补助的单位为 100 万元。

表 4.3 列示了经贸类政府补助的描述性统计信息。表 4.3 显示,企业从产业补助政策、区域补助政策和贸易补助获取到的补助平均值在 2012 年达到了 506 万元,受助企业的比例也达到了 69.7%。对比技术类政府补助来说,二者之间的每年均值比较相似,但经贸类政府补助的标准差较小。从获取补助的企业占比来看,每年能够获取技术类补助的企业占比在 2008—2012 年间分别是 41.79%、57.62%、58.33%、65.10% 和 69.29%,而获取经贸类补助的企业占比分别为 40.77%、50.55%、53.33%、66.84% 和 69.73%,两组数据非常相近。但是政府补助合计的五年间占比分别是 81.79%、84.99%、87.04%、91.10% 和 94.07%,显著高于技术类政府补助和经贸类政府补助的统计结果。

表 4.3　经贸类政府补助的描述性统计

年　　份	2008 年	2009 年	2010 年	2011 年	2012 年
N	390	453	540	573	674
均值	2.021 8	1.701 9	1.971 8	3.002 6	5.064 0
标准差	21.183 3	8.043 6	5.904 2	9.176 1	20.794 5
极小值	0.000 0	0.000 0	0.000 0	0.000 0	0.000 0
25%分位数	0.000 0	0.000 0	0.000 0	0.000 0	0.000 0
50%分位数	0.000 0	0.022 1	0.064 4	0.513 5	0.700 0
75%分位数	0.853 0	0.897 0	1.500 0	2.145 6	2.631 1
极大值	415.903 9	134.000 0	71.638 0	124.888 9	388.262 8
没有获取到补助的公司数	231	224	252	190	204
获取到补助的公司数	159	229	288	383	470

注:政府补助的单位为 100 万元。

表 4.4 列示了扶持类政府补助的描述性统计信息,可以看到企业获取到的扶持类政府补助数额平均值的增长也较为稳定,从 2008 年的 142 万元增加到了 418 万元。这样的扶持规模虽然略低于技术类政府补助,但也已超过经贸类政府补助的规模,说明扶持类政府补助在中国的政府补助体系中也占有极为重要的地位。每年获取到扶持类政府补助的企业占比分别为 37.95%、54.75%、58.89%、67.71% 和 69.14%,与技术类及经贸类补助相似,但与政府补助合计中的占比额有一定差距。这从某种意义上来说显示出虽然每年获取技术类政府补助、经贸类政府补助和扶持类政府补助的企业数目占比较为相似,但可能三者既有重合又有区别,即获取技术类政府补助、经贸类政府补助和扶持类政府补助的企业间确实存在着一定的差异性。

表 4.4 扶持类政府补助的描述性统计

年　　份	2008 年	2009 年	2010 年	2011 年	2012 年
N	390	453	540	573	674
均值	1.420 7	2.377 5	3.639 1	4.364 4	4.181 7
标准差	4.946 4	11.619 0	20.807 7	19.711 9	12.159 3
极小值	0.000 0	0.000 0	0.000 0	0.000 0	0.000 0
25%分位数	0.000 0	0.000 0	0.000 0	0.000 0	0.000 0
50%分位数	0.000 0	0.100 0	0.112 0	0.333 1	0.440 0
75%分位数	0.501 1	1.349 0	1.273 4	1.891 2	2.775 5
极大值	42.256 0	216.551 2	372.356 9	307.187 2	135.959 6
没有获取到补助的公司数	242	205	222	185	208
获取到补助的公司数	148	248	318	388	466

注:政府补助的单位为 100 万元。

　　表 4.5 列示了税务类政府补助的描述性统计信息。表中数据显示出税务类政府补助的平均值从 2008 年的 375 万元增长到了 519 万元。虽然税务类政府补助平均值和前三类政府补助差别不大,但是获得了税务类政府补助的企业占比偏小很多,2008—2012 年五年间占比分别为 24.87%、26.27%、27.96%、22.86% 和25.07%。这也就使得相对前三者而言,税务类政府补助的标准差较大,最高在 2012 年达到了 81.84,几乎为技术类政府补助的 5 倍。出现这样的结果可能的原因之一是根据 2006 年的《企业会计准则》中对纳入政府补助核算的税收优惠只包括税收返还这个类别,其他的例如以直接减征、免征、增加计税抵扣额、抵免部分税额等方式进行的税收优惠并不涵盖在内,使得在本书统计范围内的税务类政府补助的获取占比率较低。

表 4.5 税务类政府补助的描述性统计

年　　份	2008 年	2009 年	2010 年	2011 年	2012 年
N	390	453	540	573	674
均值	3.752 8	3.495 6	4.205 8	4.341 2	5.191 1
标准差	43.210 5	46.550 3	58.439 0	67.109 1	81.841 1
极小值	0.000 0	0.000 0	0.000 0	0.000 0	0.000 0
25%分位数	0.000 0	0.000 0	0.000 0	0.000 0	0.000 0
50%分位数	0.000 0	0.000 0	0.000 0	0.000 0	0.000 0
75%分位数	0.001 6	0.093 6	0.217 3	0.000 0	0.000 3
极大值	841.632 0	982.911 0	1 341.613 0	1 596.681 0	2 108.253 0
没有获取到补助的公司数	293	334	389	442	505
获取到补助的公司数	97	119	151	131	169

注:政府补助的单位为 100 万元。

表 4.6 列示了其他类政府补助的描述性统计信息。表 4.6 的结果也表明被划归入其他类政府补助之中也存在着多而不均的现象,虽然 2012 年平均值也达到了463 万元,但获得补助企业占比不到 50%。这样的结果说明没有详细披露政府补助具体信息的企业虽然数量不多,但是涉及金额却很大。这种对于政府补助的不明确披露行为的原因是什么? 是无意为之还是有意而为? 如果有意而为之,那么企业的动机是什么? 是不是为了掩饰政府补助的来源? 这些问题本书将在后文的分析中逐一检验。

表 4.6　其他类政府补助的描述性统计

年　份	2008 年	2009 年	2010 年	2011 年	2012 年
N	390	453	540	573	674
均值	1.749 5	1.404 2	2.597 8	3.383 6	4.627 3
标准差	12.805 4	8.102 4	29.124 3	33.621 8	40.398 0
极小值	0.000 0	0.000 0	0.000 0	0.000 0	0.000 0
25%分位数	0.000 0	0.000 0	0.000 0	0.000 0	0.000 0
50%分位数	0.000 0	0.000 0	0.000 0	0.000 0	0.000 0
75%分位数	0.260 6	0.238 5	0.518 6	0.556 6	0.903 2
极大值	238.508 0	130.848 0	660.536 0	772.029 0	973.000 0
没有获取到补助的公司数	267	297	330	327	348
获取到补助的公司数	123	156	210	246	326

注:政府补助的单位为 100 万元。

表 4.7 列示了技术类政府补助、经贸类政府补助、扶持类政府补助、税务类政府补助和其他类政府补助五类政府补助按年度的描述性统计结果。从表中可以看出2008—2012 年间五类补助总额占比分别为 19.66%、16.83%、19.34%、24.52%和16.87%,相差不大。换言之,如果政府补助设计层面的差异不会导致政府补助配置效率的差异,那么依据现在各类补助总额相近的情况,各类政府补助对企业业绩和企业与市场行为的影响也应该相差不多。如果政府补助设计层面的差异会传导至政府补助配置效率的差异中,那么即使各类补助总额相近,他们对企业业绩和企业与市场行为的影响也会大不一样。而在对每类补助进行的描述性统计分析中,已经发现获取各类补助的企业占比与政府补助合计中的获取占比确实存在不小差异,这从一个侧面已经可以看出获取到各类补助的企业既有重合又有区别,这些企业间确实存在着一定的差异性。本书在后面的实证分析中将就不同类别政府补助对企业业绩的影响差异以及企业管理层和外部投资者对不同类别政府补助发放的

行为反应差异进行更深一步的探讨。

表 4.7　政府补助分类别分年度的描述性统计

年　份	技术类	经贸类	扶持类	税务类	其他类	合　计
2008 年	5.804	7.885	5.541	14.636	6.823	44.622
2009 年	10.752	7.710	10.770	15.835	6.361	53.206
2010 年	16.164	10.648	19.651	22.712	14.028	86.060
2011 年	28.874	17.205	25.008	24.875	19.388	116.516
2012 年	29.028	34.132	28.185	34.988	31.188	160.589
总　计	90.621	77.579	89.154	113.045	77.787	460.992
占　比	19.66%	16.83%	19.34%	24.52%	16.87%	100.00%

注:政府补助的单位为 1 亿元。

4.2　超额政府补助的度量

政府进行补助的发放会使社会资源向少数特定企业转移,然而转移的方向却会受到多方面因素的影响(Demirguc-Kunt and Maksimovic,1998)。因此,在补助资源的配置过程中,由于某些特殊原因部分企业可能能够获取到超出正常水平的政府补助,即超额政府补助。本节对超额政府补助的形成原因进行了分析,在此基础上构建了超额政府补助的估计模型,并对模型得出的超额政府补助数据进行了描述性统计分析。

4.2.1　超额政府补助的形成原因

政府补助作为各国政府广泛采用的一项功能性政策,其根本目的在于缓解市场失灵问题。政府通过给予企业补助来引导行业的发展、鼓励特定的经济活动(Bergstrom,2000)。在政府补助的配置过程中,一方面,由于政府补助所天然具备的倾向性,那些越符合政府宏观调控目标方向的企业和项目势必会受到政府补助发放决策部门的青睐。例如,中国国务院颁布的《国家中长期科学和技术发展规划纲要(2006—2020 年)》中提出的科技工作指导方针里,明确指出要"有所为、有所不为",也就是要集中力量、重点突破,从现实的紧迫需求出发选择具有一定基础和优势、关系国计民生和国家安全的关键领域,着力突破重大关键技术。基于以上方针,国务院为中国 15 年中的科学科技发展确定了 11 个重点领域,对 68 项优先主题进行了重点安排。中国中央委员会在十三五规划建议中有关创新发展的部分也指出在构建普惠性创新支持政策体系的基础上,要集中支持事关发展全局的基础研究和共性关键技术研究,加快突破新一代信息通信、新能源、新材料、航空航天、生物医药、智能制造等领域核心技术。在政府这种政策倾斜的支持下,来自国家统计局的数据也显示,2014 年度研发经费投入强度(研究与试验发展经费占国内生产总值之比)前五位的行业分别是铁路、船舶、航空航天和其他运输设备制造业、仪器仪表制造业、计算机、通信和其他电子设备制造业、医药制造业和专用设备制造业。另一方面,政府在发放补助时对那些具有出众水平的企业和项目也更加青眼有加。例如在中国政府对新产品的支持政策中,明确将新产品划分为重点新产品和战略性创新产品两类,其中规定战略性创新产品在满足新产品要求的前提下,其技术水平必须达到国际先进,是能够代表中国自主创新能力和水平的标志性产品,并且对战略性创新产品的扶持力度也高于重点新产品。

由此可见,中国政府补助政策在兼顾全局的基础上,会重点支持那些有更为突出的项目质量和发展前景的企业。Lee 等(2014)在对我国政府机构和企业走访调查后也指出多数受访者认为如果企业能够更好地帮政府实现经济增长的目标,那么它们获得政府补助的可能性更大。因此,这些特别优异的企业凭借其出众的能力和潜力极有可能获取到超出正常水平的政府补助,这也成为了超额政府补助的形成原因之一。

政府补助的发放在受到补贴政策的影响之外,同时还取决于政府官员在对补助资源的日常管理中所作出的决策。因此,为了获取政府补助,不仅需要企业努力,使自身条件达到补贴政策中的硬性标准,与掌控补助发放决定权的政府官员保持良好关系也是帮助企业获取补助的重要因素之一(Lee et al., 2014)。特别是在地方政府拥有较高自由裁量权的地区,企业与政府间的非正式联系对能否获取政治偏袒而言意义尤为重大(Calomiris et al., 2010)。

郭剑花和杜兴强(2011)指出地方政府官员对政府补助发放的对象、形式和数量等都拥有极大的自由裁量权,企业建立与这些政府官员的紧密联系可以使他们与政府之间的沟通更加及时有效,也就更有可能顺利通过政府的审批获取补助。吴文锋等(2009)的研究也表明我国税收优惠政策中存在着大量的软性条件,政府部门在确定税收优惠对象时具有较大的自由裁量权,因此如果企业管理层与政府部门有间紧密联系,便可以帮助企业获取到更多的税收优惠。Johnson 和 Mitton

(2003)的研究表明,马来西亚政府对与总统有政治关联的企业存在着政治偏袒,政府通过给予补助等方式为这些特定企业提供支持。Chen 等(2008)与余明桂等(2010)也分别指出与地方政府有紧密联系的企业,会得到更多的补助,以使企业满足监管门槛,获得廉价的资源。在 Lee 等(2014)对山东一位企业家的访谈中,这位企业家也明确指出,如果地方政府有预算限制,那么相对于与政府间没有紧密关系的企业来说,有政治关联的生产商有更大的可能性拿到政府补助。通过对中国地方政府领导人更迭过程中企业利用慈善捐赠构建政治关联行为的考察,Lin 等(2015)发现,企业获得的政治关联不仅能够增加企业在未来获取政府补助的可能性,而且从数量上来讲也能获得更大的政府补助金额。由此可见,通过建立诸如政治关联等特殊方式,企业确实可以获得特殊的政治庇佑,从而能够比其他企业更容易得到以政府补助为形式的政治偏袒。同时,由于民营企业缺乏国有企业与政府间的天然裙带关系,这种特殊渠道的影响在民营企业获取补助的过程中更为显著(Chen et al., 2011)。因此,形成超额政府补助的另一可能因素就是企业与掌握补助发放权的政府官员之间的紧密关系。通过企业和官员间的双向寻租活动,某些企业就有可能能够获取到超过正常水平的政府补助。

4.2.2　超额政府补助的估计模型

本书将超额政府补助定义为相对于正常的政府补助水平,企业获取到的额外补助。具体而言,本书将政府补助总额(TGS)分为超额政府补助(DGS)和正常性政府补助(NDGS)两部分,并定义超额政府补助为政府补助总额与正常性政府补助之差。其中,政府补助总额为企业当年实际获取到的政府补助数额。正常性政府补助为综合考虑政府财政实力等宏观经济因素以及企业财务特征等微观层面因素之后,在正常情况下预计企业可能获取到的政府补助金额。超额政府补助则是由企业超常的项目优势或企业与政府间的紧密联系而获取到的超出正常水平的政府补助金额。因此,本书先对正常性政府补助进行建模估计,再将企业实际获取的政府补助总额减去正常性政府补助的预期值,便可得到超额政府补助的估计值。

根据以往研究,本书在估计正常性政府补助时从宏观层面因素和微观层面特征两个方面考虑了影响企业获得政府补助的因素。

在宏观层面因素方面,唐清泉和罗党论(2007)的研究表明,地方政府会根据自身财政状况量入为出地为企业提供资金支持,因此地方政府的财政状况会显著影响企业获取到的政府补助数额。当地方政府的财政状况及预算条件较宽松时,政府在向特定项目提供补助时所受到的资金约束就越小(Khanna and Sandler,2000;余明桂等,2010;Lee et al.,2014)。鉴于此,本书在正常性政府补助的估计模型中,使用企业所在地省份经 GDP 平滑后的财政收入来控制当地政府的财政状况对企业获取补助数额的影响。同时,由于对失业率的控制是各国政府的重要施政目标之一,失业率越高的地区,当地政府解决失业问题的压力也就越大,他们也更愿意利用政府补助来推动企业发展和增加就业,因此,Devereux 等(2007)在估计预期政府补助的模型中加入了地区失业率的变量。然而,由于中国失业登机制度还不够完善,失业率数据不能完全反应各地区的真实失业率,所以本书使用企业所在地的人口总数来作为政府面对的就业压力的代理变量,人口规模越大的地区,当地政府所面对的解决就业问题的压力也相应越大,他们通过补助行为扶持企业拉动就业的意愿也就越强。

在微观层面因素方面,根据以往文献(陈冬华,2003;唐清泉和罗党论,2007;余明桂等,2010),本书在估计正常性政府补助时考虑了企业规模、企业负债率和企业销售收入这三个影响企业获得政府补助的企业财务特征因素。同时,出于政府补助的倾向性,政府在发放补助时,会更加倾向能带来更大外部效应的高新技术企业和承担了更多就业责任的企业(Wallsten,2000;Roper and Hewitt-Dundas,2001),因此本书对企业是否是高新技术企业和企业的雇员人数进行了控制。鉴于 Gonzalez 和 Pazo(2008)与 Petrovits 等(2011)认为企业的经验与社会声誉也能帮助企业获取政府补助,并使用企业的成立时间来作为企业的经验与社会声誉的代理变量,本书也在估计正常性政府补助的模型中纳入了企业成立时长的变量。

此外,由于政府补助具有持续性(Gonzalez et al.,2005;Gonzalez and Pazo,2008),受政府补助扶持的项目持续时间可能会跨越数个会计期间,并且以前的补助也可能因为政策的延续而继续执行。本书也将上一年度获取的政府补助总额进行了控制。但是从另一方面考虑,在模型的自变量中加入了因变量的滞后项时,也会将以往期间未能被其他自变量解释的额外因素的影响控制住了,因此,这样的做法可能也削弱了形成超额政府补助的因素的影响。基于以上考虑,本书在后面章节将使用未包含上一年度政府补助总额模型估算出的结果来进行稳健性检验。

综合以上分析,为了估计正常性政府补助,本书用以控制企业层面特征和地区层面特征影响的模型如下:

$$TGS_{i,t} = \alpha_i + \beta_{1i} \cdot TGS_{i,t-1} + \beta_{2i} \cdot FR_{i,t-1} + \beta_{3i} \cdot population_{i,t-1} +$$
$$\beta_{4i} \cdot sales_{i,t-1} + \beta_{5i} \cdot lev_{i,t-1} + \beta_{6i} \cdot size_{i,t-1} + \beta_{7i} \cdot age_{i,t-1} +$$
$$\beta_{8i} \cdot hitech_{i,t-1} + \beta_{9i} \cdot employee_{i,t-1} + \varepsilon_{i,t} \tag{4.1}$$

式中：TGS 为政府补助总额；FR 为财政收入占 GDP 比例，是企业所在省份经 GDP 平滑后的财政收入；$population$ 为人口数量，是企业所在省份人口总数的自然对数值；$sales$ 为企业销售收入，是企业营业收入占总资产的比率；lev 为企业负债率，是企业负债总额与资产总额的比率；$size$ 为企业规模，是企业总资产的自然对数；age 是企业的成立时长；$hitech$ 为代表高新技术企业的虚拟变量，当企业被政府评为高新技术企业时取值为 1；$employee$ 为雇员人数，是年报中披露的企业在册（在职）员工人数的自然对数值。

本书使用横截面数据来估计正常性政府补助。为了控制行业因素对获取到的政府补助额度的影响，本书分行业、分年度对模型进行了回归。行业方面是按照中国证监会颁布的上市公司分类与代码(2001 年)对样本企业进行分组。非制造业企业按照首位代码、制造业企业按照前两位代码进行分类。如果一个非制造业组别中少于 20 个观测值，则将此组别合并到综合类组别中。如果制造业组别中少于 20 个观测值，则将此组别合并到其他制造业组别中。

本书将正常性政府补助定义为模型(4.1)的拟合值，而超额政府补助定义为模型(4.1)的预测误差：

$$NDGS_{i,t} = \hat{\alpha}_i + \hat{\beta}_{1i} \cdot TGS_{i,t-1} + \hat{\beta}_{2i} \cdot FR_{i,t-1} + \hat{\beta}_{3i} \cdot population_{i,t-1} +$$
$$\hat{\beta}_{4i} \cdot sales_{i,t-1} + \hat{\beta}_{5i} \cdot lev_{i,t-1} + \hat{\beta}_{6i} \cdot size_{i,t-1} +$$
$$\hat{\beta}_{7i} \cdot age_{i,t-1} + \hat{\beta}_{8i} \cdot hitech_{i,t-1} + \hat{\beta}_{9i} \cdot employee_{i,t-1} \tag{4.2}$$

$$DGS_{i,t} = TGS_{i,t} - \hat{\alpha}_i - \hat{\beta}_{1i} \cdot TGS_{i,t-1} - \hat{\beta}_{2i} \cdot FR_{i,t-1} - \hat{\beta}_{3i} \cdot population_{i,t-1} -$$
$$\hat{\beta}_{4i} \cdot sales_{i,t-1} - \hat{\beta}_{5i} \cdot lev_{i,t-1} - \hat{\beta}_{6i} \cdot size_{i,t-1} -$$
$$\hat{\beta}_{7i} \cdot age_{i,t-1} - \hat{\beta}_{8i} \cdot hitech_{i,t-1} - \hat{\beta}_{9i} \cdot employee_{i,t-1} \tag{4.3}$$

具体而言，为了估计某一企业的正常性政府补助和超额政府补助，本书首先根据指定年份该企业所处行业内的其他企业数据，回归模型(4.1)估算出方程的各系数，再将目标企业这一年份的各项指标的观测值代入模型(4.2)与模型(4.3)，计算出这一年该企业的正常性政府补助和超额政府补助的数值。

由于超额政府补助的形成原因和经济后果在技术类政府补助、经贸类政府补助、扶持类政府补助、税务类政府补助和其他类政府补助中可能有所不同,所以本书除了使用政府补助合计数计算了总体上的超额政府补助之外,对于每类政府补助也分别计算了相应的超额政府补助。

4.2.3 超额政府补助的描述性统计

本书所使用的政府补助数据来自企业年报附注的手工搜集。各省财政收入、GDP 和人口规模数据来自中国统计年鉴,其他企业财务数据来自 CSMAR 数据库。为了避免极端值的影响,本书对每个连续变量前后各 1% 的观测值进行了 Winsorize 处理。

表 4.8 列示了基于政府补助合计数的超额政府补助模型回归系数估计值的描述性统计结果。从表中结果可以看出多次回归的 R^2 平均值达到了 46.86%,这和多位学者的政府补助估计模型的解释力度相似(Gonzalez et al., 2005;Gonzalez and Pazo, 2008),表明本书对正常性政府补助的估计模型是相对可靠的。模型中上期政府补助额多次回归的平均估计系数为 0.551 9,表明政府补助的拨给确实具有持续性。地方政府经 GDP 平滑后的财政收入变量多次回归后的平均估系数为 0.003 4,表明地方政府财政实力越强,能够提供的补助资源越多。微观层面因素中,小企业、财务约束大的企业、雇员人数越多的企业以及高新技术企业越能获得政府补助。正常性政府补助的平均值为 0.005 1,而超额政府补助也即模型预测误差的平均值接近于 0。

表 4.8 超额政府补助模型多次回归的描述性统计:合计

变 量	均 值	标准差	极小值	25%分位数	50%分位数	75%分位数	极大值
α_i	0.009 5	0.034 9	− 0.092 1	− 0.011 3	0.004 9	0.019 7	0.189 9
β_{1i}	0.551 9	0.396 6	− 0.535 0	0.338 9	0.495 0	0.759 3	3.117 2
β_{2i}	0.003 4	0.050 0	− 0.385 3	− 0.017 5	0.013 1	0.034 3	0.190 7
β_{3i}	− 0.000 3	0.001 7	− 0.007 6	− 0.001 4	− 0.000 3	0.000 7	0.013 1
β_{4i}	− 0.000 6	0.003 6	− 0.038 6	− 0.001 6	− 0.000 7	0.001 4	0.012 8
β_{5i}	0.000 8	0.003 9	− 0.010 7	− 0.000 9	0.000 3	0.001 8	0.032 5
β_{6i}	− 0.000 4	0.001 6	− 0.009 1	− 0.000 8	− 0.000 1	0.000 3	0.005 2
β_{7i}	0.000 0	0.000 2	− 0.000 1 1	− 0.000 1	0.000 0	0.000 1	0.000 6
β_{8i}	0.001 0	0.003 4	− 0.023 5	− 0.000 7	0.001 0	0.002 9	0.032 5
β_{9i}	0.000 4	0.001 4	− 0.004 7	− 0.000 2	0.000 2	0.001 0	0.006 9
R-square	0.468 6	0.186 4	0.078 3	0.320 6	0.460 1	0.593 6	0.967 6
预期值	0.005 1	0.005 8	− 0.027 9	0.001 8	0.004 1	0.007 0	0.060 9
预测误差	− 0.000 2	0.006 6	− 0.047 3	− 0.003 0	− 0.000 7	0.001 7	0.053 4

　　表 4.9 列示了技术类政府补助的超额政府补助模型回归系数估计值的描述性统计结果。在对技术类超额政府补助的估计中,模型多次回归的 R^2 平均值为 40.00%。企业所在地地方政府财政实力对企业获得的技术类政府补助有正向作用,多次回归的系数平均值为 0.001 9。在影响技术类政府补助获取的微观企业层面特征中,与政府补助合计的回归结果的差异主要在企业负债率上面。在技术类别政府补助的回归中,企业负债率的系数平均值为负,表明负债率越高的企业,获取的技术类政府补助可能越少。正常性技术类政府补助的平均值为 0.001 2,而超额技术类政府补助的平均值为 0。

表 4.9　超额技术类政府补助模型多次回归的描述性统计

变　量	均　值	标准差	极小值	25%分位数	50%分位数	75%分位数	极大值
α_i	0.004 1	0.012 8	− 0.026 9	− 0.001 6	0.001 0	0.006 1	0.086 4
β_{1i}	0.432 3	0.338 0	− 0.891 4	0.276 4	0.401 7	0.562 1	2.042 4
β_{2i}	0.001 9	0.019 8	− 0.104 0	− 0.006 4	0.000 2	0.011 0	0.052 2
β_{3i}	0.000 1	0.000 6	− 0.002 6	− 0.000 1	0.000 1	0.000 2	0.003 0
β_{4i}	− 0.000 4	0.001 3	− 0.008 1	− 0.000 7	− 0.000 2	0.000 2	0.003 8
β_{5i}	− 0.000 1	0.001 1	− 0.006 5	− 0.000 4	0.000 0	0.000 2	0.006 9
β_{6i}	− 0.000 3	0.000 6	− 0.004 5	− 0.000 6	− 0.000 1	0.000 0	0.001 5
β_{7i}	0.000 0	0.000 1	− 0.000 2	0.000 0	0.000 0	0.000 0	0.000 4
β_{8i}	0.000 3	0.001 0	− 0.005 0	− 0.000 1	0.000 2	0.000 9	0.021 9
β_{9i}	0.000 2	0.000 5	− 0.000 9	0.000 0	0.000 1	0.000 4	0.002 3
R-square	0.400 0	0.192 8	0.044 2	0.246 8	0.378 6	0.529 5	0.975 4
预期值	0.001 2	0.001 8	− 0.020 6	0.000 1	0.000 8	0.001 8	0.017 9
预测误差	0.000 0	0.002 5	− 0.017 9	− 0.000 9	− 0.000 1	0.000 4	0.021 0

　　表 4.10 列示了经贸类政府补助的超额政府补助模型回归系数估计值的描述性统计结果。在对经贸类超额政府补助的估计中,模型多次回归的 R^2 平均值为 33.01%。正常性经贸类政府补助的平均值为 0.001 0,而超额经贸类政府补助的平均值为 0。在影响经贸类政府补助的宏观层面因素中,与政府补助合计数以及技术类政府补助的回归结果明显的区别在于企业所在地地方政府经 GDP 平滑后的财政收入变量多次回归后的平均估系数为 − 0.001 8,显示出在地方政府财政收入越低的地区,拨付给企业的经贸类政府补助反而更多。对于这样的结果,可能的解释是这些政府财政收入较低的地区,同时也是社会经济各方面相对不发达的区域。为了扶持这些发展相对较缓慢地区的经济发展,中央政府会发布许多区域性政策向这些地区提供津贴,例如中部崛起项目财政贴息资金、西部大开发项目财政贴息

资金、振兴东北项目财政贴息资金等。因此,由于中央政府财政政策的倾斜,使得这些相对落后地区的企业反而能获取过多的经贸类政府补助。在影响经贸类政府补助获取的微观企业层面特征中,各变量系数的多次回归平均值的绝对数较技术类政府补助回归结果而言更小,说明微观层面因素对企业获取经贸类政府补助的影响相对更小和不确定。

表 4.10　超额经贸类政府补助模型多次回归的描述性统计

变　量	均　　值	标准差	极小值	25%分位数	50%分位数	75%分位数	极大值
α_i	0.004 6	0.012 4	− 0.047 5	− 0.002 2	0.003 1	0.009 7	0.071 9
β_{1i}	0.437 9	0.556 3	− 2.305 7	0.110 5	0.376 4	0.684 9	3.559 2
β_{2i}	− 0.001 8	0.015 0	− 0.088 6	− 0.007 0	− 0.000 2	0.004 5	0.070 0
β_{3i}	− 0.000 1	0.000 7	− 0.003 9	− 0.000 3	0.000 0	0.000 2	0.006 8
β_{4i}	− 0.000 1	0.001 3	− 0.020 6	− 0.000 4	0.000 0	0.000 3	0.004 3
β_{5i}	0.000 0	0.001 3	− 0.008 5	− 0.000 2	− 0.000 1	0.000 3	0.014 1
β_{6i}	− 0.000 2	0.000 6	− 0.004 9	− 0.000 3	− 0.000 1	0.000 1	0.002 9
β_{7i}	0.000 0	0.000 1	− 0.000 4	0.000 0	0.000 0	0.000 0	0.000 2
β_{8i}	0.000 1	0.001 4	− 0.031 4	− 0.000 2	0.000 2	0.000 7	0.006 0
β_{9i}	0.000 1	0.000 5	− 0.001 9	0.000 0	0.000 0	0.000 3	0.004 0
R-square	0.330 1	0.243 7	0.029 6	0.131 6	0.262 1	0.491 6	0.980 7
预期值	0.001 0	0.001 7	− 0.031 3	0.000 2	0.000 8	0.001 4	0.032 8
预测误差	0.000 0	0.002 6	− 0.031 3	− 0.000 9	− 0.000 3	0.000 3	0.031 3

　　表 4.11 列示了扶持类政府补助的超额政府补助模型回归系数估计值的描述性统计结果。在对扶持类超额政府补助的估计中,模型多次回归的 R^2 平均值为33.92%。正常性扶持类政府补助的平均值为 0.001 0,而超额扶持类政府补助的平均值为 0。同经贸类政府补助回归结果相似,宏观层面的企业所在地地方政府财政收入系数的多次回归平均值为 − 0.000 1,也显示出似乎地方政府并没有依据自身的财政状况,量入为出地为当地企业提供政府补助,而是在相对而言没有较多财政资源可用的情况下,依然向企业提供了更多的扶持类政府补助。这样的结果可能也是由于在那些当地整体经济环境较差的地区,企业对于政府补助的需求反而会更高,导致政府被迫采取通过加大补助的发放量来刺激经济的行为。在微观层面的影响因素中,销售收入更低、规模更大、财务约束更强、雇员人数更多的企业更容易获得扶持类政府补助。

表 4.11 超额扶持类政府补助模型多次回归的描述性统计

变 量	均 值	标准差	极小值	25%分位数	50%分位数	75%分位数	极大值
α_i	0.003 5	0.013 3	− 0.030 3	− 0.005 1	0.001 9	0.007 5	0.063 5
β_{1i}	0.331 5	0.491 7	− 3.493 8	0.037 5	0.326 9	0.556 9	3.358 1
β_{2i}	− 0.000 1	0.020 6	− 0.113 1	− 0.005 4	0.002 2	0.008 6	0.094 9
β_{3i}	− 0.000 3	0.001 0	− 0.006 6	− 0.000 6	− 0.000 1	0.000 2	0.002 1
β_{4i}	− 0.000 1	0.001 4	− 0.010 4	− 0.000 7	− 0.000 1	0.000 4	0.007 5
β_{5i}	0.000 3	0.001 8	− 0.012 0	− 0.000 1	0.000 2	0.000 6	0.008 5
β_{6i}	0.000 0	0.000 6	− 0.003 1	− 0.000 2	0.000 0	0.000 2	0.003 5
β_{7i}	0.000 0	0.000 1	− 0.000 6	0.000 0	0.000 0	0.000 0	0.000 5
β_{8i}	0.000 6	0.001 3	− 0.005 5	− 0.000 1	0.000 3	0.001 0	0.014 5
β_{9i}	0.000 1	0.000 6	− 0.001 8	− 0.000 1	0.000 1	0.000 2	0.004 0
R-square	0.339 2	0.215 8	0.048 7	0.172 8	0.273 9	0.490 8	0.947 3
预期值	0.001 1	0.001 8	− 0.004 8	0.000 2	0.000 9	0.001 6	0.024 8
预测误差	− 0.000 2	0.002 6	− 0.024 6	− 0.001 2	− 0.000 4	0.000 4	0.023 8

表 4.12 列示了税务类政府补助的超额政府补助模型回归系数估计值的描述性统计结果。正常性税务类政府补助的平均值为 0.000 8,而超额税务类政府补助的平均值为 0。在对税务类超额政府补助的估计中,模型多次回归的 R^2 平均值为 56.41%,高于其他类别政府补助的平均模型解释力度。模型中上期政府补助额多次回归的平均估计系数为 0.638 3,也高于技术类政府补助、经贸类政府补助和扶持类政府补助,表明税务类政府补助的拨给更具有持续性。地方政府经 GDP 平滑后的财政收入变量多次回归后的平均估系数为 0.000 7,表明地方政府财政实力越强,向企业提供的税收优惠越多。

表 4.12 超额税务类政府补助模型多次回归的描述性统计

变 量	均 值	标准差	极小值	25%分位数	50%分位数	75%分位数	极大值
α_i	0.000 8	0.012 0	− 0.101 3	− 0.001 0	0.000 4	0.003 4	0.060 6
β_{1i}	0.638 3	0.483 1	− 0.663 5	0.233 3	0.739 2	0.947 5	5.554 3
β_{2i}	0.000 7	0.018 5	− 0.116 3	− 0.003 9	0.000 2	0.005 3	0.100 6
β_{3i}	0.000 0	0.000 5	− 0.002 2	− 0.000 2	0.000 0	0.000 1	0.002 9
β_{4i}	− 0.000 1	0.001 0	− 0.005 4	− 0.000 2	0.000 0	0.000 2	0.003 7
β_{5i}	0.000 0	0.000 8	− 0.003 1	− 0.000 3	0.000 0	0.000 2	0.006 9
β_{6i}	0.000 0	0.000 7	− 0.003 0	− 0.000 1	0.000 0	0.000 1	0.005 3
β_{7i}	0.000 0	0.000 1	− 0.000 5	0.000 0	0.000 0	0.000 0	0.000 4
β_{8i}	0.000 1	0.000 8	− 0.010 0	− 0.000 1	0.000 1	0.000 5	0.002 2
β_{9i}	0.000 0	0.000 4	− 0.002 6	− 0.000 1	0.000 0	0.000 1	0.001 7
R-square	0.564 1	0.300 8	0.024 0	0.336 1	0.585 3	0.856 5	0.999 9
预期值	0.000 8	0.002 7	− 0.007 0	0.000 0	0.000 2	0.000 7	0.054 1
预测误差	0.000 0	0.002 7	− 0.044 0	− 0.000 4	− 0.000 1	0.000 1	0.026 4

表 4.13 列示了其他类政府补助的超额政府补助模型回归系数估计值的描述性统计结果。在对其他类超额政府补助的估计中,模型多次回归的 R^2 平均值为 38.67%。正常性其他类政府补助的平均值为 0.000 6,而超额其他类政府补助的平均值为 0。企业所在地方政府财政实力对企业获得的其他类政府补助有正向作用,多次回归的系数平均值为 0.001 0。由于其他类政府补助的划分主要是受到企业披露的影响,因此微观企业层面特征对获取政府补助的影响较为混杂,体现在多次回归系数上来就是其系数大多接近于 0。模型中上期政府补助额多次回归的平均估计系数为 0.647 6,在各类政府补助里处于较高水平,表明企业在对政府补助的披露有时存在一定的惯性,前期对补助信息披露不详细的企业,后期的披露详尽度也不高。

表 4.13   超额其他类政府补助模型多次回归的描述性统计

变量	均值	标准差	极小值	25%分位数	50%分位数	75%分位数	极大值
α_i	− 0.000 6	0.005 3	− 0.020 4	− 0.002 9	− 0.000 5	0.001 3	0.022 4
β_{1i}	0.647 6	2.142 9	− 1.704 3	0.215 5	0.531 3	0.708 1	85.636 5
β_{2i}	0.001 0	0.011 9	− 0.058 9	− 0.003 5	− 0.000 5	0.003 6	0.066 0
β_{3i}	0.000 0	0.000 4	− 0.002 1	− 0.000 2	0.000 0	0.000 2	0.002 2
β_{4i}	0.000 0	0.000 5	− 0.002 8	− 0.000 2	0.000 0	0.000 2	0.001 7
β_{5i}	0.000 0	0.001 0	− 0.006 8	− 0.000 2	0.000 0	0.000 2	0.005 6
β_{6i}	0.000 0	0.000 3	− 0.001 5	− 0.000 1	0.000 0	0.000 1	0.001 7
β_{7i}	0.000 0	0.000 0	− 0.000 2	0.000 0	0.000 0	0.000 0	0.000 3
β_{8i}	0.000 0	0.000 7	− 0.004 1	− 0.000 3	0.000 0	0.000 3	0.004 3
β_{9i}	0.000 1	0.000 2	− 0.001 0	0.000 0	0.000 0	0.000 2	0.000 9
R-square	0.386 7	0.225 9	0.016 9	0.201 7	0.374 6	0.546 8	0.997 7
预期值	0.000 6	0.001 3	− 0.004 6	0.000 0	0.000 3	0.000 8	0.019 3
预测误差	0.000 0	0.001 7	− 0.016 7	− 0.000 5	− 0.000 1	0.000 2	0.012 9

5　不同类别政府补助对企业财务绩效的影响

政府补助是一种能够缓解市场失灵问题的政府干预机制,其目的在于推动和鼓励某些特定经济活动的发展。政府通过提供补助的方式来保证这些活动的正常进行,弥补这类活动中的私人投资不足问题。这种大量公共资金的使用是否能够带来显著的经济效益历来是被学术界所重视也是政府的政策制定者最为关心的问题之一。本章在政府补助分类和超额政府补助度量的基础上,实证检验了各类别正常性政府补助和超额政府补助对企业财务绩效的影响,并进一步探讨了不同类别政府补助对企业业绩影响差异的形成原因。

5.1　理论分析与研究假设

当企业的某项活动或某类产品具有较大正外部性时,由于溢出效应的存在会导致企业无法享有这项投资的全部收益,从而使得这些具有正外部性的活动在由私人投资驱动时会被抑制,产生市场失灵问题(Nelson,1959;Arrow,1962)。为了激励企业继续从事这些具有极大外部效应的活动,便需要政府的介入和干预来拉动对这些项目的投资,而向这类企业提供政府补助正是能够有效缓解市场失灵问题的重要经济手段之一。

Lerner(1999)认为,政府补助能够作为缓解市场失灵问题有效机制的基本前提,是当市场失灵问题出现时,政府补助的政策制定者可以清晰识别并理智处理这一问题。换言之,政府补助必须被正确配置。对于政府部门而言,一个十分棘手的问题就是如何识别出拥有极大的社会效益但由于私人回报较低所以亟须额外资金支持的优质项目,并且在识别出这些项目之后,在执行过程中还需要确保政府补助分配和使用的客观和公正。

然而,大量文献已经指出政府补助在使社会资源向少数特定企业转移时,多方因素均会对转移的方向产生影响(Demirguc-Kunt and Maksimovic,1998)。在政府补助政策制定时,规制俘获理论认为一旦政府官员被特殊利益团体所俘获,那么他便只是私人利益集团驱动下的被动政策实施者,他所作出的决策并不会完全出于最大化社会整体福祉的目的,政府补助发放的结果最终也会损害公众利益而使这些特殊利益团体受益(Peltzman,1976;Becker,1983)。在政府补助分配时,对资助对象的选取不仅仅受到补贴政策的约束,也取决于政府官员在对补助资源的日常管理中所作出的决策。如果政府权力在行使过程中得不到有效的监管和约束,掌控补助发放决定权的政府官员便会在利益的驱动下使用手上对补助的支配权进行创租活动。当企业渴望得到这份由政府管制的稀缺资源时,便会通过寻租活动来实现(Shleifer and Vishny,1994)。此外,Cohen 和 Noll(1991)和 Wallsten(2000)还指出政府官员在对企业和项目进行筛选时会存在挑选赢家的行为(pick the winner strategy),他们会特意选中那些成功几率非常大、即使没有获得补助依然很有可能取得成功的企业。等到企业业绩得到较大增长时,即使补助的实际贡献并不大,但这些官员依然会将企业的成功归功于这项补助的提供(Roper and Hewitt-Dundas,2001)。在政府补助被使用时,如果补助管理部门的事后监管缺位,会使得企业作为补助使用方在处置和使用这笔补助时拥有极大的信息优势,企业管理层便有机会利用这笔额外的资金流入进行最大化自身利益的机会主义行为,例如进行过度投资、盈余管理或者降低自身的努力程度等(Bergstrom,2000;罗宏等,2014)。当管理层致力于使用这笔资金为自己牟取私利时,最终结果只会是管理层个人私利的增加而无法从实质上改善企业绩效、提高社会效益。

从政府补助对企业业绩的整体效应来看,如果政府补助被正确配置给那些拥有优质项目的企业,来鼓励他们不要因溢出效应的存在而出现的投资不足问题,那么即使这项活动产生的部分收益会被企业以外的单位所获取,但受助企业的业绩表现也依然应该是处于相对较优的水平。同时,这样的政府补助配置机制也能向外部投资者传递出关于企业的有益信号,有助于这些企业较为便宜地获取外部资金,保证企业能够较快成长。如果政府官员在挑选企业和项目时确实存在着挑选赢家的行为,那么因为这些被选上的企业本来就是成长性更好、更可能获得成功的企业,所以政府补助受助企业在整体上也会呈现出业绩表现更为优异的情况。

然而,如果政府是出于与企业间的特殊关系而动用公共资金对特定企业给予补助,这种违背资金分配市场原则的行为会使这部分公共资源的运用悖离价值最大化目标。多位学者的研究也证实了这些政府补助对企业业绩的提升没有显著效果,并不能很好地实现引导和激励企业发展的作用。Faccio 等(2006)以 40 个国家的公司为样本研究后发现,在陷入财务困境并接受政府救助后的两年中,通过政治关联获取到政府补助企业的财务业绩显著低于同样处境的非政治关联公司。潘越等(2009)也认为通过政治关联获取到政府补助的企业并不能在接受政府补助后提升企业的长期绩效。此外,政治关联在给关联企业带来政治利益的同时,也使这些企业面对着特殊的风险。由于政治关联企业得到的各种优厚待遇与政府的财政实力以及相关联官员的政治力量息息相关,一旦政府的财政实力受到外部经济环境的强烈冲击或者相关联的政府官员卸职离任,关联企业所获得的特殊政治利益会产生极大幅度的短期波动。Gul(2006)根据 Johnson 和 Mitton(2003)的分析进一步指出,由于政治关联企业强烈依赖于政府补助,在金融危机冲击下的马来西亚,政治关联企业更可能出现破产危机或为了避免债务违约而夸大收入,通过对审计风险的检验,也证实了马来西亚政治关联企业在金融危机中有更高的财务错报风险。Fisman(2001)检验了与印尼总理苏哈托有政治关联的企业在总理健康情况恶化时的市场反应,他指出苏哈托健康状况恶化的消息发布之后,与苏哈托有关联的企业相较无关联企业而言损失了更多的价值。Leuz 和 Oberholzer-Gee(2006)使用印度尼西亚的数据研究了企业投资于政治关系的长期结果。他们发现当关联政体在选举中失败时,政治关联可能导致企业价值损失,因此投资于政治关联可能有特别的风险。

从超额政府补助对企业业绩的影响来看,如果超额政府补助的形成是源于政府补助对更加符合政府宏观调控目标方向的企业和项目所天然具备的倾向性,那么这些特别优异的企业凭借其出众的能力和潜力而获取到的超额政府补助,能够极大推动优秀项目的进行,使这些企业的绩效也处于相对更高的水平。

但是,如果形成超额政府补助的原因是企业与掌握补助发放权的政府官员之间的紧密关系,这些借由特殊渠道获取的额外补助可能会被缺乏扶持价值、也缺乏有效利用这项资源能力的企业获取。这是因为已陷入困境企业自身经营能力和财务状况存在极大的局限,在仅仅依靠自己难以摆脱困境的情况下,他们更有动机建立与政府间的特殊关系并通过这些渠道来获取额外补助(Faccio,2010;Jian and Wong,2010)。这样的情况就会导致建立特殊渠道试图获取政府补助的企业中,更多的会是原本自身条件就较差的企业,即"柠檬企业"。这类企业在获取政府补助以后,并没有能力将政府的短期扶持转化为企业长期绩效的提高(Cheng et al.,2010;Lee et al.,2014),也无力承担更多的政策性负担,使得这部分政府补助的给予既不能帮助企业提高经营业绩,也无法增加企业的社会效益,从而导致公共资源的错误配置。同时,这些企业也必须为他们的寻租活动提供大量的资源,这本身就会大大抵消政治关联所带来的利益,因而即使政治关联增加了企业的价值,但从总体上看这些企业的业绩依然很低。

此外,在这种掺杂着政治诉求的非正式治理关系中,企业还面临着更高的治理风险。首先,政府在提供额外的社会资源的同时,会迫使企业完成特定的政治目标,牟求社会福利最大化。在政治目标与股东权益最大化目标的冲突与矛盾中,这些企业更容易出现特殊而复杂的代理问题,从而承担着更高的治理风险。Boubakri等(2008)以1980—2002年期间总部设在27个发展中国家和14个发达国家的私有化企业为样本,研究了政治关联在私有化进程中对企业的影响。他们认为这些企业从政府所有到私有制的转变目的就是为了消除国有企业承担的政治目标,将其转变为以企业利润最大化为目标。如果这些进行私有化的企业不能完全摆脱政府的影响,他们将会面对许多相互冲突的目标,例如受官僚和政客控制的政治利益目标与受私营业主控制的私人利益目标之间的冲突。因此他们预期拥有政治关联的私有化企业在私有化改革中的预期收益将会减少,而实证结果也证实了相较于无关联企业而言,政治关联企业表现出更差的财务业绩。其次,被政府官员管理的企业可能会由于管理者缺乏经营一个成功企业所必需的技能而导致企业的业绩不好。Fan等(2007)检验中国私有化企业首次公开招股后的表现时,认为由于拥有政府背景的CEO领导的企业更可能任命前任或现任政府官员而非相关技术背景的专业人士进入董事会,因此政治关联企业的盈利增长,销售增长以及股票回报在首次公开招股后表现更差。

最后,企业与政府官员对这种特殊利益的隐匿也可能导致与政府官员有紧密联系的企业表现出来的更差的会计业绩。Chen等(2010)指出政治偏袒通常是秘密进行的,而企业和官员的勾结又会促使他们隐匿企业中与官员的紧密关系对财务业绩的影响,因此政治关联带来的利益更多的是秘密的、突然的、扭曲的,这些企业的财务透明度也更低,从而使得分析师预测更为困难和复杂。Chaney 等(2011)发现政治关联企业的业绩报告质量显著低于相似的无关联企业。他们的结果指出,一方面,由于政治家们对关联企业提供的保护使低质量的会计信息不会被惩罚,所以政治关联企业不太关心他们披露的会计质量信息,同时不会花费太多时间去精确描述他们的应计信息;另一方面,这些企业可能也试图在他们报告的会计信息中模糊来自政府官员的获利。因此,这些企业可能隐藏、遮掩或者至少试图推迟报告获取到的利益。

从不同类别政府补助对企业业绩的影响来看,各类别政府补助中,因为资助对象的特征不同、审批与监管力度不同,使得形成超额政府补助的主要原因也不同,将导致不同类别超额政府补助对企业业绩的影响也存在差异(Lee et al., 2014)。

由于技术类政府补助的资助对象具有较强的外部性,这些项目的发展程度一旦偏离最优水平会带来巨大的社会成本,所以政府一方面会提供大量补助推动这些项目的进行,另一方面也会加强补助的发放审批和事后监管。因此,在技术类政府补助中出现的部分企业获取了超出正常水平政府补助的情况,更有可能是由于这些企业和项目本身的超常优势使政府部门在补助发放时对他们青眼有加。鉴于此,本书提出以下假设:

假设 1: 其他条件相同的情况下,获取更多技术类超额政府补助的企业,企业财务绩效更好。

对扶持类政府补助而言,因为这类补助的申请门槛较低、条件更为宽松、流程更为简单,政府官员在作出发放决策时的自由裁量权更大,所以扶持类政府补助更容易成为企业寻租活动的目标(Lee et al., 2014)。通过积极与掌握扶持类政府补助决策权的官员建立紧密联系来获取额外补助,可能是超额扶持类政府补助形成的最主要原因。鉴于此,本书提出以下假设:

假设 2: 其他条件相同的情况下,获取更多扶持类超额政府补助的企业,企业财务绩效更差。

对经贸类和税务类政府补助来说,由于它们资助对象的外部性程度处于技术类政府补助和扶持类政府补助之间,所以政府部门的审批和监管要求,以及向外部投资者提供的有关企业能力和项目质量的鉴证信息保证力度,都处于中间水平。

因此,超额经贸类和税务类政府补助的形成原因可能较为混杂,难以一概而论。鉴于此,本书提出以下备择假设:

假设 3a: 其他条件相同的情况下,获取更多经贸类超额政府补助的企业,企业财务绩效更好。

假设 3b: 其他条件相同的情况下,获取更多经贸类超额政府补助的企业,企业财务绩效更差。

假设 4a: 其他条件相同的情况下,获取更多税务类超额政府补助的企业,企业财务绩效更好。

假设 4b: 其他条件相同的情况下,获取更多税务类超额政府补助的企业,企业财务绩效更差。

对其他类政府补助而言,企业在年报附注中没有详细披露政府补助信息的原因可能是单纯的无意行为,并且监管部门对这部分信息也确实没有强制性的披露要求。然而,如果企业是通过与政府官员间的双向贿赂与寻租活动获得的额外补助,那么企业可能会极力遮掩相关信息,这种情况下政府补助信息的披露不详尽就可能是有意为之了。鉴于此,本书提出以下假设:

假设 5: 其他条件相同的情况下,获取更多其他类超额政府补助的企业,企业财务绩效更差。

5.2 研究设计

5.2.1 研究样本与数据来源

本书选择的样本来自 2008—2012 年沪深两市民营上市公司。样本期间的选择兼顾了中国政府补助的现实背景和实证数据的可得性,具体原因主要有以下几点。首先,为了应对 2008 年全面爆发的全球金融危机,中国政府采取了积极的财政政策来促进中国经济的平稳较快增长,即后来被称为"四万亿计划"的一揽子措施。其中,政府补助政策便是这四万亿计划中极为重要的积极财政手段。因此,本书选取 2008 年后的企业样本来分析政府补助的产出额外性和行为额外性,目的之一也是为了进一步研讨四万亿投资中政府补助的配置效率问题。其次,中国上市公司于 2007 年全面使用新企业会计准则,在此准则中对于政府补助的确认和计量较以前有较大的改变,为了保证政府补助数据的一致性和可比性,本书使用了新会计准则颁布后的年度进行分析。同时,由于后文模型中需要使用前一期的政府补助数据,故样本期间的起点选择了 2008 年。最后,为了缓解内生性问题,本书需要使用滞后1—3 期的企业产出和行为反应指标,因此样本期间的截止点选择了 2012 年,以便有 1—3 年的数据期来搜集企业产出和行为反应指标。

当一个企业的终极控制人是个人或非国有实体时,这个企业被定义为民营企业。鉴于后文回归模型需要使用滞后一期的数据以及 IPO 企业的异常表现,排除了当年 IPO 企业。除此之外,还剔除了数据缺失的上市公司和金融类上市公司。最终,得到 2 630 个观测值,构成研究的民营企业样本。

本书所使用的政府补助数据来自企业年报附注的手工搜集。其他企业财务数据来自 CSMAR 数据库。为了避免极端值的影响,本书对每个连续变量前后各 1%的观测值进行了 Winsorize 处理。

本书逐一按照企业年报附注披露的政府补助具体信息,将每家企业获取到的政府补助进行类别划分,统计得出每家企业所获取的各类别政府补助数额。随后,按照模型(4.1)估计出每家企业每种类别政府补助中的正常性政府补助数额和超额政府补助数额。具体而言,为了估计某一企业某补助类别的正常性政府补助和超额政府补助,本书首先根据指定年份该企业所处行业内的其他企业数据,回归模型(4.1)估算出方程的各系数,再将目标企业这一年份的各项指标的观测值代入模型(4.2)与模型(4.3),计算出这一年该企业该项补助类别中的正常性政府补助和超额政府补助的数值。

5.2.2 模型设定与变量定义

为了检验研究假设,本书将待检验的模型设定为:

$$performance_{i,\,t+1} = \alpha_i + \beta_{1i} \cdot subsidy_{i,\,t} + \beta'_{2i} \cdot X_{i,\,t} + \sum ind + \sum year + \varepsilon_{i,\,t}$$

(5.1)

式中:*performance* 为企业的企业财务绩效;*subsidy* 为企业获取的政府补助;*X* 是多个控制变量构成的向量,包括企业规模、成长机会、企业杠杆率、固定资产比率和雇员人数;*ind* 为行业虚拟变量;*year* 为年份虚拟变量。

为了避免计入利润的政府补助对企业业绩的影响(孔东民等,2013),本书使用扣除非经常性损益后的 *ROA* 作为企业财务绩效的指标,并且为了控制内生性,使用了下一年的企业业绩数据。政府补助总额、正常性政府补助和超额政府补助的度量详见第4章。此外，本书还分别使用了扣除非经常性损益后的 *ROA* 变化率（*ROA* growth）、扣除非经常性损益后的 *ROE* 和扣除非经常性损益前的 *ROA*（*NROA*）作为因变量进行了实证检验。为了控制其他企业特征的影响，本书借鉴以往文献（Claessens et al.，2008；Faccio，2010；余明桂等，2010），控制了以下变量：企业规模（size，企业总资产的自然对数）、成长机会（sales growth，销售收入增长率）、企业杠杆率（lev，企业负债总额与资产总额的比率）、固定资产比率（fixed assets ratio，固定资产占总资产的比率）和雇员人数（employee，每百万总资产所对应的雇员人数）。

　　在检验假设1至假设5时，本书分别将各类别超额政府补助代入模型（5.1）。同时，为了探讨正常性政府补助和超额政府补助对企业业绩的差别，本书也将各类别政府补助总额和正常性政府补助代入模型进行了计算。

　　由于各类别超额政府补助对企业业绩的影响可能存在不同，为了进一步检验这个效应，本书按照超额政府补助形成的原因将样本企业划分为四类：最有可能由于寻租活动获取到超额政府补助的企业、最有可能由于超常实力获取到超额政府补助的企业、两类原因较混杂的企业，以及两类动机都较弱的企业。图5.1列示了按超额政府补助进行的分组图示。

正常性政府补助

		高/high	低/low
超额政府补助	高/high	HP * HP 寻租＋实力	LP * HR 寻租
	低/low	HP * LR 实力	LP * LR 两者皆弱

图5.1　超额政府补助形成原因分组

　　具体而言，如果企业获取到了大量政府补助并且这些政府补助的获取大部分可以被企业的经营因素所解释，那么这类企业获得的超额政府补助更有可能来源于企业出众的能力和项目本身的巨大潜力。如果企业拥有大量政府补助但又难以被正常性政府补助的估计模型所解释，那么这类企业更有可能是因为与官员进行的寻租活动获取到的超额政府补助。如果企业的正常性政府补助和超额政府补助数量都较高,则说明这类企业中形成超额政府补助的可能原因二者皆有,互为掺杂。如果企业的正常性政府补助和超额政府补助数量都较低,则表明这类企业获取的超额政府补助中源于这两种动因的可能性都较低。本书将分别检验这四类企业中各类别超额政府补助对企业财务绩效的影响。

5.3 实证结果及其分析

5.3.1 描述性统计

表 5.1 列示了主要变量的定义和描述性统计信息。从表中结果可以看出,样本期间企业财务绩效指标方面,扣除非经常损益后的 ROA 平均值(中位数)为 0.026 8 (0.025 3),而扣除非经常损益前的 ROA 平均值(中位数)为 0.041 8(0.037 9)。这表明获取政府补助等非经常性损益占到了企业净利润额度的 35%,意味着非经常性损益对企业的盈利指标影响很大。此外,扣除非经常损益后的 ROA 变化率平均值为 0.005,扣除非经常损益后的 ROE 平均值为 0.048 2。控制变量方面,企业杠杆率平均值(中位数)为 0.444 8(0.434 8),销售收入增长率平均值(中位数)为 0.211 1 (0.127 7),固定资产占比平均值(中位数)为 0.222 9(0.198 7),每百万总资产所对应的雇员人数平均值(中位数)为 1.117 5(0.859 9),企业总资产的自然对数平均值(中位数)为 21.314 7(21.254 1)。

表 5.1　主要变量的定义和描述性统计

变　量	含　义	N	均值	标准差	极小值	中位数	极大值
TGS—合计	政府补助总额	2 630	0.004 9	0.006 7	0.000 0	0.002 6	0.039 0
NGS—合计	正常性政府补助	2 630	0.005 1	0.005 3	−0.004 3	0.004 1	0.029 0
DGS—合计	超额政府补助	2 630	−0.000 2	0.005 7	−0.016 0	−0.000 7	0.023 8
TGS—技术类	技术类政府补助总额	2 630	0.001 2	0.002 2	0.000 0	0.000 2	0.011 9
NGS—技术类	正常性技术类政府补助	2 630	0.001 2	0.001 6	−0.001 7	0.000 8	0.007 9
DGS—技术类	超额技术类政府补助	2 630	0.000 0	0.002 1	−0.005 0	−0.000 1	0.009 8
TGS—经贸类	经贸类政府补助总额	2 630	0.000 9	0.002 0	0.000 0	0.000 1	0.011 9
NGS—经贸类	正常性经贸类政府补助	2 630	0.001 0	0.001 3	−0.001 9	0.000 8	0.006 4
DGS—经贸类	超额经贸类政府补助	2 630	0.000 0	0.002 2	−0.005 4	−0.000 3	0.010 9
TGS—扶持类	扶持类政府补助总额	2 630	0.000 9	0.002 1	0.000 0	0.000 1	0.014 8
NGS—扶持类	正常性扶持类政府补助	2 630	0.001 1	0.001 5	−0.001 8	0.000 9	0.007 9
DGS—扶持类	超额扶持类政府补助	2 630	−0.000 2	0.002 1	−0.005 7	−0.000 4	0.010 6
TGS—税务类	税务类政府补助总额	2 630	0.000 8	0.002 9	0.000 0	0.000 0	0.019 8

变 量	含 义	N	均值	标准差	极小值	中位数	极大值
NGS—税务类	正常性税务类政府补助	2 630	0.000 8	0.002 1	−0.002 2	0.000 2	0.013 2
DGS—税务类	超额税务类政府补助	2 630	0.000 0	0.001 9	−0.006 4	−0.000 1	0.010 0
TGS—其他类	其他类政府补助总额	2 630	0.000 5	0.001 4	0.000 0	0.000 0	0.008 2
NGS—其他类	正常性其他类政府补助	2 630	0.000 6	0.001 0	−0.001 3	0.000 3	0.006 2
DGS—其他类	超额其他类政府补助	2 630	0.000 0	0.001 4	−0.004 7	−0.000 1	0.006 8
lev	企业杠杆率	2 630	0.444 8	0.242 0	0.039 5	0.434 8	1.584 3
sales growth	企业销售收入增长率	2 630	0.211 1	0.580 0	−0.671 3	0.127 7	4.502 1
fixed assets ratio	企业固定资产比率	2 630	0.222 9	0.154 4	0.002 3	0.198 7	0.685 7
size	企业总资产的自然对数	2 630	21.314 7	1.006 6	18.828 2	21.254 1	24.178 2
employee	雇员人数占总资产比率	2 630	1.117 5	0.995 6	0.022 7	0.859 9	5.245 1
ROA	扣除非经常性损益后的 ROA	2 630	0.026 8	0.048 5	−0.167 7	0.025 3	0.146 7
ROA growth	扣除非经常性损益后 ROA 的增长率	2 630	0.004 8	0.037 3	−0.119 8	0.003 7	0.167 2
ROE	扣除非经常性损益后的 ROE	2 630	0.048 2	0.096 5	−0.410 3	0.051 1	0.311 1
NROA	扣除非经常性损益前的 ROA	2 630	0.041 8	0.050 7	−0.155 5	0.037 9	0.199 9

5.3.2 回归结果分析

1. 政府补助与扣除非经常性损益后的 ROA

表 5.2 报告了政府补助合计数对扣除非经常性损益后的 ROA 影响的回归结果,使用合计的政府补助总额、正常性政府补助和超额政府补助作为自变量分别检验了它们对企业绩效的作用。表 5.2 的回归结果显示,政府补助总额对扣除非经常性损益后的 ROA 没有显著影响,进一步将补助总额划分为超额政府补助和正常性政府补助两部分后,超额政府补助与扣除非经常性损益后的 ROA 在 5% 的水平上显著负相关(−0.340),而正常性政府补助与扣除非经常性损益后的 ROA 在 1% 的水平上显著正相关(0.685)。这意味着完全依据政府政策、财政实力和企业特征所拨发的政府补助能够显著提升企业会计盈利,相反,超额政府补助却不能帮助企业显著提升业绩。换言之,由于超额政府补助抵减了正常性政府补助对企业绩效的促进作用,从而导致了在整体上出现了政府补助总额无法有效提振企业绩效的结果。

表 5.2　政府补助对企业财务绩效的影响

变　量	ROA		
TGS	0.127		
	(0.914)		
NGS		0.685 ***	
		(3.869)	
DGS			− 0.340 **
			(− 2.214)
lev	− 0.081 ***	− 0.081 ***	− 0.081 ***
	(− 15.053)	(− 15.258)	(− 15.106)
sales growth	0.010 ***	0.010 ***	0.010 ***
	(5.849)	(5.808)	(5.860)
fixed assets ratio	− 0.050 ***	− 0.049 ***	− 0.049 ***
	(− 7.386)	(− 7.306)	(− 7.259)
size	0.011 ***	0.011 ***	0.011 ***
	(10.712)	(10.728)	(10.783)
employee	0.003 ***	0.003 ***	0.003 ***
	(3.188)	(3.044)	(3.295)
constant	− 0.167 ***	− 0.170 ***	− 0.168 ***
	(− 7.870)	(− 8.009)	(− 7.933)
industry	yes	yes	yes
year	yes	yes	yes
N	2 630	2 630	2 630
adj. R-square	0.239	0.244	0.241

　　为了探讨政府补助本身设计层面的差异与超额政府补助形成原因差异对企业绩效的影响,本书分别使用技术类、经贸类、扶持类、税务类和其他类的政府补助总额、超额政府补助和正常性政府补助作为自变量进行了实证检验。

　　表 5.3 列示了技术类政府补助对企业绩效影响的回归结果。回归结果表明技术类政府补助总额对下一年的企业财务绩效有正面作用,并且在 1% 的水平上显著。将技术类政府补助划分为正常性技术类政府补助和超额技术类政府补助后,正常性技术类政府补助和超额技术类政府补助对企业业绩的影响均显著为正,表明在技术类政府补助中,不论是按照地方政府财政实力等宏观经济因素特征和微观层面企业特征决定的正常性政府补助,还是企业额外获得的超额补助,都确实促进了企业业绩。这样的结果意味着从超额政府补助的形成原因来看,在技术类政府补助中可能更多是源于企业本身的优异性。一方面,由于政府补助天然的倾向性,政府愿意拨付更多补助给这些更能推动实现宏观调控目标的优质企业;另一方

面,政府官员在对企业和项目进行筛选时存在的挑选赢家的行为,也可能使更多的政府补助被分配到了优质企业中(Roper and Hewitt-Dundas,2001)。

表5.3 技术类政府补助对企业财务绩效的影响

变　量	ROA		
TGS	1.106***		
	(3.123)		
NGS		0.967*	
		(1.675)	
DGS			0.694**
			(1.965)
lev	−0.080***	−0.080***	−0.081***
	(−14.852)	(−14.863)	(−15.042)
sales growth	0.010***	0.010***	0.010***
	(5.879)	(5.844)	(5.879)
fixed assets ratio	−0.051***	−0.050***	−0.050***
	(−7.461)	(−7.388)	(−7.399)
size	0.011***	0.011***	0.011***
	(10.734)	(10.736)	(10.742)
employee	0.003***	0.003***	0.003***
	(3.191)	(3.190)	(3.245)
constant	−0.168***	−0.168***	−0.167***
	(−7.891)	(−7.902)	(−7.869)
industry	yes	yes	yes
year	yes	yes	yes
N	2 630	2 630	2 630
adj. R-square	0.241	0.240	0.240

表5.4列示了经贸类政府补助对企业财务绩效影响的回归结果。在经贸类政府补助中,正常性经贸类政府补助对企业业绩影响显著为正(系数为1.265),而超额经贸类政府补助却对企业业绩有显著为负的影响(系数为−0.831),并在5%的水平上显著,而经贸类政府补助总额对企业业绩的影响为负但不显著(系数为−0.555)。这表明如果经贸类政府补助是按照政府财政状况和企业特征发放的,那么它对企业业绩是有促进作用的。但是,由这些因素之外的其他原因引起的超额经贸类政府补助却显著降低了企业业绩。这样的结果意味着在超额经贸类政府补助补助中,可能更多来源于企业与掌控政府补助发放权的政府官员之间的紧密联系。这种寻租活动下的政府补助配置违背了资金分配市场原则,使这部分公共资源的运

用悖离了价值最大化目标,降低了经贸类政府补助的配置效率。

表 5.4 经贸类政府补助对企业财务绩效的影响

变 量	ROA		
TGS	−0.555		
	(−1.354)		
NGS		1.265*	
		(1.799)	
DGS			−0.831**
			(−2.242)
lev	−0.081***	−0.081***	−0.081***
	(−15.075)	(−15.062)	(−15.123)
sales growth	0.010***	0.010***	0.010***
	(5.848)	(5.922)	(5.881)
fixed assets ratio	−0.050***	−0.049***	−0.049***
	(−7.339)	(−7.295)	(−7.279)
size	0.011***	0.011***	0.011***
	(10.735)	(10.848)	(10.823)
employee	0.003***	0.003***	0.003***
	(3.317)	(3.130)	(3.298)
constant	−0.167***	−0.170***	−0.169***
	(−7.840)	(−8.028)	(−7.953)
industry	yes	yes	yes
year	yes	yes	yes
N	2 630	2 630	2 630
adj. R-square	0.240	0.240	0.240

表 5.5 列示了扶持类政府补助对企业财务绩效影响的回归结果。从表中的结果可以看出扶持类政府补助不仅在总体上对企业业绩的影响不显著,而且正常性扶持类政府补助也无法有效提振企业绩效。同时,超额政府补助却显示出对企业绩效的负面影响,并且这一效应在5%的水平上显著(系数为−0.921)。这样的结果与本书的假设2相符,表明扶持类政府补助确实可能由于自身的审批和监管较为宽松,政府官员在作出发放决策时的自由裁量权更大,极易成为企业寻租活动的目标。同时,因为自身经营能力较差的企业靠自己无法摆脱困境,它们更有动机将维持企业生存的重担寄托于寻租活动中,所以超额扶持类政府补助更可能会被缺乏扶持价值、也缺乏拥有有效利用这项资源能力的企业获取。最终表现出获取超额

扶持类政府补助越多的企业,扣除非经常性损益后的企业业绩更差。

表5.5　扶持类政府补助对企业财务绩效的影响

变　量	ROA		
TGS	−0.587		
	(−1.357)		
NGS		0.731	
		(1.278)	
DGS			−0.921**
			(−2.330)
lev	−0.081***	−0.081***	−0.081***
	(−14.999)	(−15.033)	(−14.974)
sales growth	0.010***	0.010***	0.010***
	(5.850)	(5.808)	(5.784)
fixed assets ratio	−0.049***	−0.050***	−0.049***
	(−7.256)	(−7.364)	(−7.249)
size	0.011***	0.011***	0.011***
	(10.792)	(10.688)	(10.771)
employee	0.003***	0.003***	0.003***
	(3.321)	(3.147)	(3.257)
constant	−0.168***	−0.167***	−0.168***
	(−7.915)	(−7.863)	(−7.926)
industry	yes	yes	yes
year	yes	yes	yes
N	2 630	2 630	2 630
adj. R-square	0.240	0.240	0.241

　　表5.6列示了税务类政府补助对企业财务绩效影响的回归结果。在税务类政府补助中,获取税务类政府补助总额和正常性税务类政府补助越多的企业,企业业绩越好(系数分别为0.567和1.666),并且其系数分别在10%和1%的水平上显著,表明依规发放的税务类政府补助确实能够帮助企业达到更高的盈利水平。超额税务类政府补助对企业业绩的影响为负,但并不显著。本书认为出现这种结果的可能原因是形成超额税务类政府补助的原因较为混杂,一方面税收优惠确实存在很大的政策倾向性,另一方面大量的税收优惠审批中又包含着软性条件,为企业的寻租提供了条件,使得与政府部门间有紧密联系的企业能获取到更多的税收优惠(吴文锋等,2009)。因此,由这两方面因素共同形成的超额税务类政府补助在整体上对企业业绩的影响就不显著了。

表 5.6　税务类政府补助对企业财务绩效的影响

变　量	ROA		
TGS	0.567*		
	(1.784)		
NGS		1.666***	
		(3.936)	
DGS			−0.318
			(−0.655)
lev	−0.081***	−0.081***	−0.081***
	(−15.045)	(−15.031)	(−15.030)
sales growth	0.010***	0.010***	0.010***
	(5.832)	(5.881)	(5.876)
fixed assets ratio	−0.049***	−0.049***	−0.050***
	(−7.243)	(−7.211)	(−7.367)
size	0.011***	0.011***	0.011***
	(10.705)	(10.713)	(10.735)
employee	0.003***	0.003***	0.003***
	(3.252)	(3.316)	(3.254)
constant	−0.168***	−0.170***	−0.168***
	(−7.875)	(−7.963)	(−7.881)
industry	yes	yes	yes
year	yes	yes	yes
N	2 630	2 630	2 630
adj. R-square	0.240	0.243	0.239

表 5.7 列示了其他类政府补助对企业财务绩效影响的回归结果。从表中的回归结果可以看出其他类政府补助总额、正常性其他类政府补助和超额其他类政府补助对企业业绩的影响均不显著,并没有如假设 5 中预期的那样出现超额其他类政府补助对企业绩效的负面作用。这样的结果说明,虽然确实存在着企业试图遮掩从与政府官员之间的寻租活动获取到政府补助的相关信息的可能性,但是因为其他类政府补助中掺杂的其他引起企业披露不详尽的因素太多,稀释了这种掩饰行为对企业业绩的负面影响。

表 5.7　其他类政府补助对企业财务绩效的影响

变　量	ROA	
TGS	−0.718	
	(−1.059)	
NGS		−0.339
		(−0.391)

变　量	*ROA*		
DGS			-0.333
			(-0.539)
lev	-0.081^{***}	-0.081^{***}	-0.081^{***}
	(-15.055)	(-15.002)	(-15.054)
sales growth	0.010^{***}	0.010^{***}	0.010^{***}
	(5.873)	(5.855)	(5.864)
fixed assets ratio	-0.050^{***}	-0.050^{***}	-0.050^{***}
	(-7.339)	(-7.358)	(-7.340)
size	0.011^{***}	0.011^{***}	0.011^{***}
	(10.791)	(10.732)	(10.740)
employee	0.003^{***}	0.003^{***}	0.003^{***}
	(3.277)	(3.258)	(3.254)
constant	-0.168^{***}	-0.168^{***}	-0.167^{***}
	(-7.917)	(-7.884)	(-7.877)
industry	yes	yes	yes
year	yes	yes	yes
N	2 630	2 630	2 630
adj. *R*-square	0.239	0.239	0.239

2. 政府补助与扣除非经常性损益前的 *ROA*

我国会计准则规定在对政府补助进行会计确认时,要求企业视补助的性质而将其确认为递延收益或计入当期损益,因此政府补助也成为了某些企业进行利润调节、扭亏为盈的重要工具。鉴于这种可能出现的情况,本书继续检验了政府补助对扣除非经常性损益前 *ROA* 的影响,并与之前的结果进行对比分析,以此来进一步探讨各类别政府补助与企业绩效之间的关系。

表 5.8 列示了各类别政府补助对扣除非经常性损益前 *ROA* 的回归结果。表 5.8 上半部分的自变量是各类正常性政府补助,下半部分自变量是各类超额政府补助。从表中结果可以看出,在正常性政府补助中,政府补助合计数、技术类政府补助和税务类政府补助依然显示出对扣除非经常性损益前 *ROA* 的正向作用,系数分别为 0.718、1.712 和 0.991,并且分别在 1% 和 5% 的水平上统计显著。在以超额政府补助作为自变量的回归中,可以看到只有超额技术类政府补助对扣除非经常性损益前 *ROA* 有显著为正的影响(系数为 0.621)。综合对比表 5.8 与表 5.2 至表 5.7 的结果,可以看到超额技术类政府补助对企业绩效的促进作用依然存在,而经贸类和扶持类超额政府补助对企业业绩的负面效应变得不显著了。

表 5.8 政府补助对企业财务绩效的影响：扣除非经常性损益前的 ROA

变　量	合　计	技术类	经贸类	扶持类	税务类	其他类
NGS	0.718(3.785)***	1.712(2.546)**	0.243(0.307)	0.321(0.510)	0.991(2.175)**	1.354(1.341)
lev	-0.036(-4.257)***	-0.035(-4.092)***	-0.036(-4.214)***	-0.036(-4.214)***	-0.036(-4.225)***	-0.036(-4.242)***
sales growth	0.009(4.781)***	0.009(4.756)***	0.009(4.789)***	0.009(4.762)***	0.009(4.798)***	0.009(4.813)***
fixed assets ratio	-0.041(-5.215)***	-0.042(-5.318)***	-0.042(-5.264)***	-0.042(-5.271)***	-0.041(-5.184)***	-0.042(-5.258)***
size	0.005(3.820)***	0.005(3.868)***	0.005(3.855)***	0.005(3.842)***	0.005(3.850)***	0.005(3.750)***
employee	0.004(3.374)***	0.004(3.443)***	0.004(3.509)***	0.004(3.487)***	0.004(3.555)***	0.004(3.490)***
constant	-0.051(-1.910)*	-0.050(-1.874)*	-0.049(-1.830)*	-0.048(-1.811)*	-0.050(-1.869)*	-0.047(-1.763)*
industry	yes	yes	yes	yes	yes	yes
year	yes	yes	yes	yes	yes	yes
N	2 630	2 630	2 630	2 630	2 630	2 630
adj. R-square	0.098	0.095	0.093	0.093	0.094	0.094

变　量	合　计	技术类	经贸类	扶持类	税务类	其他类
DGS	-0.156(-0.940)	0.621(1.677)*	-0.303(-0.779)	-0.036(-0.077)	-0.082(-0.153)	-0.721(-1.055)
lev	-0.036(-4.224)***	-0.036(-4.206)***	-0.036(-4.224)***	-0.036(-4.211)***	-0.036(-4.212)***	-0.036(-4.230)***
sales growth	0.009(4.790)***	0.009(4.799)***	0.009(4.785)***	0.009(4.787)***	0.009(4.785)***	0.009(4.812)***
fixed assets ratio	-0.041(-5.239)***	-0.042(-5.298)***	-0.042(-5.241)***	-0.042(-5.265)***	-0.042(-5.268)***	-0.042(-5.246)***
size	0.005(3.863)***	0.005(3.846)***	0.005(3.869)***	0.005(3.850)***	0.005(3.846)***	0.005(3.861)***
employee	0.004(3.547)***	0.004(3.528)***	0.004(3.543)***	0.004(3.530)***	0.004(3.529)***	0.004(3.540)***
constant	-0.049(-1.836)*	-0.048(-1.808)*	-0.049(-1.837)*	-0.048(-1.817)*	-0.048(-1.815)*	-0.049(-1.828)*
industry	yes	yes	yes	yes	yes	yes
year	yes	yes	yes	yes	yes	yes
N	2 630	2 630	2 630	2 630	2 630	2 630
adj. R-square	0.093	0.093	0.093	0.093	0.093	0.093

这样的结果意味着政府补助似乎确实是企业进行利润调节的一项重要工具。政府补助对扣除非经常损益前后 ROA 的影响在技术类政府补助中保持了一致,表明技术类政府补助确实因为自身严苛的监管,在补助的配置过程中出现的扭曲行为更少。而反观经贸类和扶持类政府补助,作为较为容易便可以直接改变企业盈利状况的外来因素,由于他们更为宽松的审批条件,使这些补助更加容易被企业的寻租活动所俘获,而这些企业在获取到了这项巨大的外来收益后,也削弱了企业完善自身经营管理能力、增强综合竞争力、提升盈利能力的动机,最终导致政府补助只是被用在了利润调节的企业机会主义行为中,而没有真正被使用在推动企业正常经营项目的发展中,造成补助配置效率的损失。

3. 超额政府补助与扣除非经常性损益后 ROA 的分组检验

本书为了进一步检验各类别超额政府补助对企业业绩影响的差异,按照超额政府补助形成的原因将样本企业划分为四类:最有可能由于寻租活动获取到超额政府补助的企业(LP * HR 组)、最有可能由于超常潜力获取到超额政府补助的企业(HP * LR 组)、两类原因较混杂的企业(HP * HR 组)与两类动机都较弱的企业(LP * LR 组)。

表 5.9 列示了合计的超额政府补助与扣除非经常性损益后 ROA 之间分组检验的结果。表中的结果可以看出只有在正常性政府补助和超额政府补助数量都较高的组别中,超额政府补助对企业业绩的影响才显著为负。由于这类企业获取的政府补助中大部分可以被正常性政府补助的估计模型所解释,同时无法归因于政府财政状况和企业特征的超额正常补助也大量存在,所以这类企业可能拥有极强的寻租动机,也可能具备超常潜力。从结果来看,这组企业中超额政府补助越多,企业绩效越差,说明这类企业获取的超额政府补助更有可能是因为寻租活动而形成的。

表 5.9　超额政府补助对企业财务绩效影响的分组检验

变　量	LP * HR	HP * LR	LP * LR	HP * HR
DGS	− 0.125	− 0.393	− 2.855	− 0.604*
	(− 0.362)	(− 0.923)	(− 1.005)	(− 1.944)
lev	− 0.078***	− 0.084***	− 0.069***	− 0.100***
	(− 13.028)	(− 13.225)	(− 6.987)	(− 9.385)
sales growth	0.006***	0.013***	0.011***	0.027***
	(2.625)	(4.778)	(3.031)	(4.992)

续表

变　量	LP * HR	HP * LR	LP * LR	HP * HR
fixed assets ratio	− 0.064 ***	− 0.030 ***	− 0.039 ***	− 0.048 ***
	(− 6.136)	(− 2.624)	(− 2.665)	(− 2.730)
size	0.011 ***	0.011 ***	0.013 ***	0.008 ***
	(7.144)	(6.696)	(5.829)	(3.308)
employee	0.003	0.005 ***	0.003	0.003
	(1.608)	(3.033)	(1.274)	(1.149)
constant	− 0.169 ***	− 0.155 ***	− 0.224 ***	− 0.073
	(− 5.261)	(− 4.210)	(− 4.507)	(− 1.374)
industry	yes	yes	yes	yes
year	yes	yes	yes	yes
N	849	849	467	465
adj. *R*-square	0.251	0.245	0.167	0.285

表 5.10 列示了超额技术类政府补助与扣除非经常性损益后 *ROA* 之间分组检验的结果。在四个类别的样本组中,超额技术类政府补助对企业业绩的促进作用在最有可能由于超常潜力获取到超额政府补助的企业中才得以显现,并在 1% 的水平上统计显著。这样的结果再一次验证了在技术类政府补助中,超额补助的形成确实更多来源于企业更为优异的项目前景和发展潜力,而政府补助政策向这类企业倾斜也符合设立这些补助之初的调控目标,既有利于企业进一步地加快受到中国政府重视的重大关键技术的突破,也有助于企业在掌握先进技术工艺后形成核心竞争力,提升企业的盈利水平。换言之,技术类政府补助的配置效率整体处于较高的水平。

表 5.10　超额技术类政府补助对企业财务绩效影响的分组检验

变　量	LP * HR	HP * LR	LP * LR	HP * HR
DGS	0.147	3.595 ***	− 5.061	0.228
	(0.154)	(2.894)	(− 0.408)	(0.284)
lev	− 0.070 ***	− 0.081 ***	− 0.060 ***	− 0.123 ***
	(− 12.245)	(− 11.993)	(− 6.486)	(− 9.926)
sales growth	0.007 ***	0.014 ***	0.012 ***	0.032 ***
	(3.570)	(4.507)	(2.874)	(4.540)
fixed assets ratio	− 0.046 ***	− 0.051 ***	− 0.054 ***	− 0.052 ***
	(− 4.875)	(− 4.326)	(− 3.764)	(− 2.625)
size	0.009 ***	0.010 ***	0.011 ***	0.011 ***
	(7.113)	(5.996)	(5.185)	(3.838)
employee	0.002	0.005 ***	0.001	0.006 **
	(1.383)	(3.149)	(0.300)	(2.144)

变 量	LP * HR	HP * LR	LP * LR	HP * HR
constant	− 0.145 ***	− 0.122 ***	− 0.174 ***	− 0.142 **
	(− 4.930)	(− 3.222)	(− 3.545)	(− 2.122)
industry	yes	yes	yes	yes
year	yes	yes	yes	yes
N	916	916	400	398
adj. R-square	0.215	0.237	0.215	0.338

表 5.11 列示了超额经贸类政府补助与扣除非经常性损益后 ROA 之间分组检验的结果。从表中的结果可以看出,在最有可能由于与掌握补助发放权的政府官员之间的紧密关系获取到超额政府补助的企业中,超额经贸类政府补助对企业业绩存在着显著的负面影响。这类企业拥有大量政府补助,但又难以被正常性政府补助的估计模型所解释,意味着这类企业中的超额经贸类政府补助更可能是来自企业与政府官员之间的寻租活动,而这种通过寻租活动获取到的政府补助难于被企业高效率的运用在项目发展上,容易引起企业管理层的机会主义行为,导致这些企业的业绩反而更低。这样的结果也和上文的实证检验结果相一致,表明在经贸类政府补助中确实存在着由于寻租活动引起的配置效率低下问题。

表 5.11 超额经贸类政府补助对企业财务绩效影响的分组检验

变 量	LP * HR	HP * LR	LP * LR	HP * HR
DGS	− 1.328 *	− 0.196	− 11.979	0.411
	(− 1.799)	(− 0.145)	(− 0.664)	(0.530)
lev	− 0.083 ***	− 0.073 ***	− 0.087 ***	− 0.088 ***
	(− 15.289)	(− 11.429)	(− 8.000)	(− 6.151)
sales growth	0.004 **	0.017 ***	0.021 ***	0.018 ***
	(2.196)	(5.614)	(5.029)	(3.112)
fixed assets ratio	− 0.043 ***	− 0.059 ***	− 0.039 **	− 0.035
	(− 4.569)	(− 5.421)	(− 2.354)	(− 1.627)
size	0.013 ***	0.007 ***	0.014 ***	0.012 ***
	(9.690)	(4.142)	(5.883)	(3.825)
employee	0.002	0.004 **	0.004	0.002
	(1.546)	(2.513)	(1.355)	(0.927)
constant	− 0.213 ***	− 0.083 **	− 0.245 ***	− 0.168 **
	(− 6.607)	(− 2.338)	(− 4.543)	(− 2.462)
industry	yes	yes	yes	yes
year	yes	yes	yes	yes
N	968	968	348	346
adj. R-square	0.300	0.190	0.294	0.194

　　表 5.12 列示了超额扶持类政府补助与扣除非经常性损益后 ROA 之间分组检验的结果。结果显示在扶持类政府补助中,超额补助对企业绩效的负面影响出现在寻租原因和企业超常潜力两类原因较混杂的企业,并且在 1% 的水平上统计显著。这样的结果意味着虽然理论上来看这类企业形成超额政府补助的两类原因都存在,但是从超额扶持类政府补助对企业业绩的负向作用来看,说明寻租原因在这类企业中起到了主导作用。这表明凭借正常条件获取正常性扶持类政府补助较多的企业,也依然有较强的动机进行寻租活动,意欲建立与掌控政府补助发放权的政府官员之间的紧密联系,并以此来获取更多的额外补助。虽然获取到了大量的扶持类政府补助,但由于有如此强的动机通过寻租获取补助的这些企业大多是靠自身经营能力难以摆脱困境的劣质企业,故而在整体上呈现出获取的超额扶持类政府补助越多,企业业绩越差的现象。

表 5.12　超额扶持类政府补助对企业财务绩效影响的分组检验

变　量	LP * HR	HP * LR	LP * LR	HP * HR
DGS	− 1.247	− 0.402	18.363	− 2.874 ***
	(− 1.568)	(− 0.322)	(0.765)	(− 3.717)
lev	− 0.076 ***	− 0.087 ***	− 0.047 ***	− 0.117 ***
	(− 14.073)	(− 13.852)	(− 3.450)	(− 8.760)
sales growth	0.007 ***	0.012 ***	0.011 *	0.018 ***
	(3.200)	(5.396)	(1.786)	(3.686)
fixed assets ratio	− 0.053 ***	− 0.051 ***	− 0.037 *	− 0.048 ***
	(− 5.284)	(− 5.164)	(− 1.709)	(− 2.705)
size	0.011 ***	0.010 ***	0.014 ***	0.010 ***
	(7.909)	(7.299)	(3.961)	(3.504)
employee	0.002	0.005 ***	0.003	0.001
	(1.317)	(3.462)	(0.769)	(0.381)
constant	− 0.146 ***	− 0.145 ***	− 0.233 ***	− 0.118 *
	(− 4.606)	(− 4.528)	(− 2.903)	(− 1.955)
industry	yes	yes	yes	yes
year	yes	yes	yes	yes
N	1 031	1 032	284	283
adj. R-square	0.246	0.238	0.130	0.385

　　表 5.13 列示了超额税务类政府补助与扣除非经常性损益后 ROA 之间分组检验的结果。从表中的结果可以看出,在获取了较多正常性税务类政府补助和较少超额税务类政府补助的企业中超额政府补助与企业业绩之间存在负相关关系,并

在 10% 的水平上统计显著。虽然这类企业属于最有可能由于超常潜力获取到超额政府补助的企业,然而表 5.13 的结果可能说明税务类政府补助情况存在特殊性。部分税务类政府补助的受助条件受到税收法律的约束,较为严苛,对资助企业的选择和资助数额的认定需要严格按照税法执行,难以因为企业具有超常潜力而较多给付。另一部分税务类政府补助在确定受助对象和数额时,政府官员却又存在很大的自由裁量权,例如部分企业在年报附注中列报的增值税超税负返还和企业所得税地方留存部分补贴款,可能容易成为官员创租的租金,引起企业的寻租行为。因此,出现超额税务类政府补助的原因可能主要是寻租因素,最终表现在结果里也即出现了超额税务类政府补助与企业业绩之间的负相关关系。

表 5.13 超额税务类政府补助对企业财务绩效影响的分组检验

变 量	LP * HR	HP * LR	LP * LR	HP * HR
DGS	0.480	− 1.780*	2.141	0.347
	(0.389)	(− 1.711)	(0.021)	(0.364)
lev	− 0.065***	− 0.098***	− 0.082***	− 0.105***
	(− 11.833)	(− 17.182)	(− 5.636)	(− 6.789)
sales growth	0.007***	0.017***	0.024**	0.014**
	(3.785)	(5.699)	(2.509)	(2.524)
fixed assets ratio	− 0.050***	− 0.045***	− 0.034*	− 0.100***
	(− 5.064)	(− 4.701)	(− 1.829)	(− 4.302)
size	0.011***	0.011***	0.008**	0.006*
	(8.787)	(7.535)	(2.269)	(1.872)
employee	0.005***	0.002	− 0.002	0.014***
	(3.182)	(1.105)	(− 0.545)	(3.884)
constant	− 0.178***	− 0.137***	− 0.068	− 0.024
	(− 5.959)	(− 3.616)	(− 0.832)	(− 0.304)
industry	yes	yes	yes	yes
year	yes	yes	yes	yes
N	1 067	1 066	249	248
adj. R-square	0.206	0.300	0.223	0.275

表 5.14 列示了超额其他类政府补助与扣除非经常性损益后 ROA 之间分组检验的结果。结果显示在四组样本中,超额其他类政府补助均未对企业业绩产生显著影响。这和前文的结果也保持了一致,表明由于其他类政府补助中掺杂了多种引起企业对政府补助信息披露不详尽的因素,导致最终结果不显著。

表 5.14　超额其他类政府补助对企业财务绩效影响的分组检验

变　量	LP * HR	HP * LR	LP * LR	HP * HR
DGS	− 0.171	− 0.401	50.265	− 1.695
	(− 0.133)	(− 0.263)	(0.941)	(− 1.299)
lev	− 0.074***	− 0.092***	− 0.058***	− 0.109***
	(− 14.195)	(− 15.297)	(− 4.434)	(− 5.933)
sales growth	0.007***	0.019***	0.007	0.016**
	(4.125)	(6.012)	(1.419)	(2.094)
fixed assets ratio	− 0.040***	− 0.063***	− 0.043**	− 0.053*
	(− 4.420)	(− 6.123)	(− 2.207)	(− 1.902)
size	0.011***	0.012***	0.010***	0.010***
	(8.836)	(8.028)	(2.777)	(2.827)
employee	0.003**	0.003**	0.003	0.001
	(2.075)	(2.121)	(0.760)	(0.347)
constant	− 0.169***	− 0.172***	− 0.108	− 0.061
	(− 6.033)	(− 4.950)	(− 1.416)	(− 0.744)
industry	yes	yes	yes	yes
year	yes	yes	yes	yes
N	1 041	1 042	274	273
adj. R-square	0.246	0.286	0.131	0.197

4. 政府补助与扣除非经常性损益后 ROA 的变化率

Faccio(2010)指出,相较于业绩较好企业建立与政府的亲密关系来保持竞争力而言,业绩较差企业建立这种关系的目的是寻求政府帮助来摆脱财务困境,因而他们有更强烈的动机来建立与政府间的特殊联系。这样的情况就会导致建立特殊渠道试图获取政府补助的企业中包含的原本自身业绩较差的企业数量更多。尽管这些企业获取到政府补助能够改善业绩,但是由于事前存在的业绩差距,导致了总体样本中呈现出通过特殊途径获取到超额政府补助企业的会计业绩更差的情况。为了验证这一观点,本书对政府补助与扣除非经常性损益后 ROA 变化率之间的关系也进行了检验。

表 5.15 列示了各类别政府补助对扣除非经常性损益后 ROA 变化率的回归结果。表 5.15 上半部分的自变量是各类别正常性政府补助,下半部分自变量是各类别的超额政府补助。结果显示无论是正常性政府补助还是超额政府补助,各类政府补助对 ROA 变化率都没有显著影响。这样的结果在一定程度上验证了 Faccio(2010)的观点。这表明政府补助对企业绩效的影响体现的是一种长期的相互关系,而在短期内政府补助对企业绩效的影响十分有限。

表 5.15　政府补助对企业财务绩效的影响：扣除非经常损益后 ROA 的变化率

变　量	合　计	技术类	经贸类	扶持类	税务类	其他类
NGS	0.142(0.960)	0.477(0.914)	0.486(0.793)	0.026(0.056)	0.512(1.431)	0.218(0.308)
lev	0.028(5.829)***	0.028(5.938)***	0.028(5.870)***	0.028(5.844)***	0.028(5.802)***	0.028(5.830)***
sales growth	−0.004(−2.886)***	−0.004(−2.882)***	−0.004(−2.870)***	−0.004(−2.882)***	−0.004(−2.869)***	−0.004(−2.875)***
fixed assets ratio	0.006(1.048)	0.006(1.008)	0.006(1.062)	0.006(1.026)	0.007(1.084)	0.006(1.028)
size	−0.003(−3.303)***	−0.003(−3.283)***	−0.003(−3.259)***	−0.003(−3.308)***	−0.003(−3.274)***	−0.003(−3.311)***
employee	0.001(0.699)	0.001(0.722)	0.001(0.700)	0.001(0.747)	0.001(0.776)	0.001(0.740)
constant	0.057(3.019)***	0.057(3.030)***	0.056(2.988)***	0.057(3.057)***	0.056(2.994)***	0.058(3.067)***
industry	yes	yes	yes	yes	yes	yes
year	yes	yes	yes	yes	yes	yes
N	2 630	2 630	2 630	2 630	2 630	2 630
adj. R-square	0.065	0.065	0.065	0.064	0.065	0.064

变　量	合　计	技术类	经贸类	扶持类	税务类	其他类
DGS	−0.062(−0.479)	−0.008(−0.026)	0.180(0.526)	0.015(0.044)	−0.296(−0.773)	−0.436(−0.833)
lev	0.028(5.836)***	0.028(5.838)***	0.028(5.844)***	0.028(5.834)***	0.028(5.827)***	0.028(5.831)***
sales growth	−0.004(−2.867)***	−0.004(−2.878)***	−0.004(−2.881)***	−0.004(−2.881)***	−0.004(−2.856)***	−0.004(−2.859)***
fixed assets ratio	0.006(1.044)	0.006(1.025)	0.006(1.003)	0.006(1.020)	0.006(1.015)	0.006(1.045)
size	−0.003(−3.287)***	−0.003(−3.293)***	−0.003(−3.307)***	−0.003(−3.292)***	−0.003(−3.278)***	−0.003(−3.286)***
employee	0.001(0.763)	0.001(0.754)	0.001(0.742)	0.001(0.754)	0.001(0.762)	0.001(0.758)
constant	0.057(3.045)***	0.057(3.054)***	0.058(3.069)***	0.057(3.054)***	0.057(3.033)***	0.057(3.046)***
industry	yes	yes	yes	yes	yes	yes
year	yes	yes	yes	yes	yes	yes
N	2 630	2 630	2 630	2 630	2 630	2 630
adj. R-square	0.064	0.064	0.064	0.064	0.065	0.065

5.3.3　稳健性检验

1.超额政府补助对企业财务绩效影响的均值检验结果

为了直接比较获得各类别超额政府补助的多少对企业财务绩效的影响,本书使用均值检验分析了获得更多超额政府补助的企业样本组和获得较少超额政府补助的企业样本组之间扣除非经常性损益后 ROA 的平均值之间的差异。

表 5.16 列示了各类别超额政府补助对企业财务绩效影响的均值检验结果。其中,本书将获取各类别超额政府补助数量前 10% 的企业划分为获取了较多超额政府补助的样本组,将后 10% 的企业划分为获取了较少超额政府补助的样本组。表5.16 中的结果显示,获取更多超额技术类政府补助的样本组确实有显著更高的财务绩效,而获取更多超额扶持类政府补助的样本组,其扣除非经常性损益后 ROA 的均值显著更低。这样的结果表明单因素分析的结果也证实了获取越多超额技术类政府补助,企业的财务绩效越好,而获取越多的超额扶持类政府补助,企业的财务绩效越差。

表 5.16　各类别超额政府补助对企业财务绩效影响的均值检验

变　量	N	mean	S. D.	T-test
more DGS—技术类	263	0.035 4	0.046 8	
less DGS—技术类	263	0.027 3	0.050 7	1.917 4**
more DGS—经贸类	263	0.027 7	0.045 0	
less DGS—经贸类	263	0.025 5	0.045 9	0.530 4
more DGS—扶持类	263	0.013 7	0.041 5	
less DGS—扶持类	263	0.026 5	0.045 8	− 3.361 7***
more DGS—税务类	263	0.032 5	0.045 7	
less DGS—税务类	263	0.030 2	0.049 8	0.561 1
more DGS—其他类	263	0.025 3	0.046 4	
less DGS—其他类	263	0.026 2	0.050 3	− 0.198 5

2.政府补助对其他企业财务绩效指标的影响

为了进一步探讨各类别超额政府补助对其他企业财务绩效的影响,本书还使用营业成本率、销售毛利率、扣除非经常性损益后的净资产收益率作为因变量,分析了各类别超额政府补助对他们的影响。

表 5.17 和表 5.18 分别列示了各类别超额政府补助对营业成本率与营业毛利率的影响。企业的营业成本率是企业所销售商品或者提供劳务的成本占营业收入的比率,反映了企业取得每单位销售收入所耗费的成本费用支出。销售毛利率是扣除营

业成本后的销售毛利占营业收入的比例,反映了企业产品的竞争力和获利潜力。两个表中的结果显示出超额技术类政府补助能够显著降低企业的营业成本率,提高销售毛利率,而超额扶持类政府补助却会使企业营业成本率显著升高,销售毛利率显著下降。

表 5.17　各类别超额政府补助对营业成本率的影响

变　　量	(1)	(2)	(3)	(4)	(5)
DGS—技术类	−2.303*				
	(−1.848)				
DGS—经贸类		1.776			
		(1.479)			
DGS—扶持类			2.232**		
			(2.031)		
DGS—税务类				−1.282	
				(−0.813)	
DGS—其他类					−2.223
					(−1.282)
lev	0.149***	0.150***	0.149***	0.149***	0.149***
	(9.335)	(9.371)	(9.267)	(9.300)	(9.312)
sales growth	−0.001	−0.001	−0.001	−0.001	−0.001
	(−0.268)	(−0.277)	(−0.191)	(−0.240)	(−0.241)
fixed assets ratio	0.054**	0.051**	0.051**	0.052**	0.053**
	(2.456)	(2.356)	(2.335)	(2.401)	(2.441)
size	0.011***	0.010***	0.011***	0.011***	0.011***
	(3.167)	(3.115)	(3.143)	(3.168)	(3.163)
employee	−0.003	−0.003	−0.003	−0.003	−0.003
	(−1.024)	(−1.065)	(−1.028)	(−1.024)	(−1.025)
constant	0.456***	0.460***	0.458***	0.455***	0.456***
	(6.353)	(6.399)	(6.384)	(6.338)	(6.343)
industry	yes	yes	yes	yes	yes
year	yes	yes	yes	yes	yes
N	2 627	2 627	2 627	2 627	2 627
adj. R-square	0.305	0.305	0.305	0.305	0.305

表 5.18　各类别超额政府补助对销售毛利率的影响

变　　量	(1)	(2)	(3)	(4)	(5)
DGS—技术类	2.303*				
	(1.848)				
DGS—经贸类		−1.776			
		(−1.479)			
DGS—扶持类			−2.232**		
			(−2.031)		

续表

变　量	(1)	(2)	(3)	(4)	(5)
DGS—税务类				1.282	
				(0.813)	
DGS—其他类					2.223
					(1.282)
lev	− 0.149***	− 0.150***	− 0.149***	− 0.149***	− 0.149***
	(− 9.335)	(− 9.371)	(− 9.267)	(− 9.300)	(− 9.312)
sales growth	0.001	0.001	0.001	0.001	0.001
	(0.268)	(0.277)	(0.191)	(0.240)	(0.241)
fixed assets ratio	− 0.054**	− 0.051**	− 0.051**	− 0.052**	− 0.053**
	(− 2.456)	(− 2.356)	(− 2.335)	(− 2.401)	(− 2.441)
size	− 0.011***	− 0.010***	− 0.011***	− 0.011***	− 0.011***
	(− 3.167)	(− 3.115)	(− 3.143)	(− 3.168)	(− 3.163)
employee	0.003	0.003	0.003	0.003	0.003
	(1.024)	(1.065)	(1.028)	(1.024)	(1.025)
constant	0.544***	0.540***	0.542***	0.545***	0.544***
	(7.586)	(7.524)	(7.543)	(7.578)	(7.578)
industry	yes	yes	yes	yes	yes
year	yes	yes	yes	yes	yes
N	2 627	2 627	2 627	2 627	2 627
adj. R-square	0.305	0.305	0.305	0.305	0.305

这样的结果表明,获取更多超额技术类政府补助的企业与其他企业相比存在成本上的优势,反映出这些企业产品更强的竞争力和获利潜力。这说明超额技术类政府补助确实配置给了有出众经营能力和优势产品的企业,并且这些超额补助的获取帮助这些企业进一步扩大了竞争优势。相反,获取更多超额扶持类政府补助的企业却存在企业消耗更高、经济效益更低的情况,反映出这些企业成本的失控和欠佳的产品盈利状况。这说明即使这些企业获取到了超额扶持类政府补助,但由于自身经营能力的欠缺,他们并没有办法将这笔资金用于提高产品的竞争力上,使得这些补助仅仅只是作为一笔大额的营业外收入计入净利润,使呈现在财务表明中的净利润水平维持在一定水平,却无法使企业盈利能力获得实质上的提升。

本书还使用下一年度扣除非经常损益后的净资产收益率作为企业财务绩效的替代变量进行了稳健性检验。表 5.19 列示了各类别政府补助对扣除非经常性损益后 ROE 的回归结果。从表中数据可以看出超额技术类政府补助对企业业绩的影响显著为正,而经贸类和扶持类超额政府补助对企业业绩有显著为负的影响。总的来说,使用扣除非经常损益后的净资产收益率作为解释变量的结果与前文基本保持一致。

表 5.19 政府补助对企业财务绩效的影响:扣除非经常损益后的 *ROE*

变 量	合 计	技术类	经贸类	扶持类	税务类	其他类
NGS	0.884(2.371)**	0.928(0.800)	1.819(1.165)	0.175(0.141)	2.313(3.149)***	−1.401(−0.702)
lev	−0.038(−2.901)***	−0.037(−2.836)***	−0.037(−2.853)***	−0.038(−2.877)***	−0.038(−2.913)***	−0.037(−2.865)***
sales growth	0.020(5.040)***	0.020(5.050)***	0.020(5.078)***	0.020(5.031)***	0.020(5.055)***	0.020(5.035)***
fixed assets ratio	−0.102(−6.413)***	−0.103(−6.452)***	−0.102(−6.410)***	−0.103(−6.443)***	−0.101(−6.349)***	−0.103(−6.447)***
size	0.019(8.347)***	0.019(8.348)***	0.019(8.412)***	0.019(8.333)***	0.019(8.341)***	0.019(8.361)***
employee	0.003(1.547)	0.004(1.644)	0.003(1.593)	0.004(1.651)*	0.004(1.708)*	0.004(1.695)*
constant	−0.339(−7.264)***	−0.336(−7.195)***	−0.340(−7.267)***	−0.335(−7.189)***	−0.339(−7.236)***	−0.337(−7.212)***
industry	yes	yes	yes	yes	yes	yes
year	yes	yes	yes	yes	yes	yes
N	2 630	2 630	2 630	2 630	2 630	2 630
adj. *R*-square	0.104	0.102	0.103	0.102	0.104	0.102

变 量	合 计	技术类	经贸类	扶持类	税务类	其他类
DGS	−0.759(−2.302)**	1.101(1.766)*	−1.637(−1.998)**	−1.424(−1.683)*	−1.176(−1.373)	−0.313(−0.258)
lev	−0.038(−2.911)***	−0.037(−2.874)***	−0.038(−2.919)***	−0.038(−2.836)***	−0.038(−2.896)***	−0.038(−2.887)***
sales growth	0.020(5.064)***	0.020(5.050)***	0.020(5.079)***	0.020(4.985)***	0.020(5.071)***	0.020(5.039)***
fixed assets ratio	−0.101(−6.381)***	−0.103(−6.467)***	−0.102(−6.401)***	−0.102(−6.382)***	−0.103(−6.453)***	−0.103(−6.433)***
size	0.019(8.429)***	0.019(8.354)***	0.019(8.438)***	0.019(8.375)***	0.019(8.376)***	0.019(8.361)***
employee	0.004(1.710)*	0.004(1.663)*	0.004(1.711)*	0.004(1.668)*	0.004(1.679)*	0.004(1.670)*
constant	−0.338(−7.281)***	−0.335(−7.184)***	−0.338(−7.269)***	−0.337(−7.232)***	−0.337(−7.227)***	−0.335(−7.197)***
industry	yes	yes	yes	yes	yes	yes
year	yes	yes	yes	yes	yes	yes
N	2 630	2 630	2 630	2 630	2 630	2 630
adj. *R*-square	0.104	0.103	0.104	0.103	0.103	0.102

3. 内生性问题的检验

由于超额政府补助的获取与企业财务绩效间可能存在内生性的问题,虽然在回归分析中本书已使用滞后一期的财务绩效指标作为因变量,在一定程度上缓解了内生性的问题,不过为了进一步控制内生性,本书分别采用地区技术强度指标和腐败程度指标作为工具变量进行两阶段最小二乘法来控制内生性。

基于前文的分析,超额技术类政府补助的获取更可能是由于企业出众的项目潜力和经营能力,如果企业所在地政府确实把更多的政府补助配置给了这些能更好地运用该资源的企业,那么因为这些企业能够运用这笔资金激发自身的研发潜力,产出更多的高质量成果,所以该地区的整体技术强度会更强。换言之,一个区域内更高的技术产出强度在某种程度上能够反映该地政府正确运用公共资源发展本地企业核心竞争力的能力(孙涛涛等,2011),从而也意味着这些地区的企业更可能由于出众实力获取到超额政府补助。因此,本书首先使用企业所在地所拥有的技术强度作为工具变量构建两阶段回归模型进行检验。

本书使用专利引文数来反映某地区的技术强度。这样的选择来源于已有的大量文献均表明专利被引用次数表征着专利所包含技术内容的重要程度,其原因在于如果一项专利被多次引用,就能够表明该项专利反映了所涉及的创造发明包含了核心的关键技术(杨祖国和李文兰,2005;孟宇和牛媛媛,2005;孙涛涛等,2011)。我国知识产权局也借鉴其他各国政府的做法,在《全国各省市专利文献引证统计分析报告》中也将专利引文数作为衡量地区技术强度的指标。本书各省专利引文数来自中国知识产权局网站,由于个别省份部分年度数据的缺失,该模型中一共包含了 2 524 份样本。

表 5.20 列示了使用地区技术强度作为工具变量的两阶段最小二乘法回归结果。从表中的结果可以看出,企业所在地技术强度与超额技术类政府补助显著正相关,而与超额扶持类政府补助的相关关系不显著。这表明确实超额技术类政府补助更可能来源于企业的出众技术实力。第二阶段的回归结果显示使用地区技术强度作为工具变量后,超额技术类政府补助能够显著提高企业财务绩效。这表明尽管存在着一定程度的内生性问题导致统计量的偏误,但并不严重,在采用了两阶段最小二乘法回归模型后超额技术类政府补助对企业财务绩效的影响结果依然是稳健的。

表 5.20 技术强度作为工具变量的两阶段回归

变 量	第一阶段	第二阶段	第一阶段	第二阶段
DGS—技术类		49.457*		
		(1.755)		
DGS—扶持类				− 206.960
				(− 0.472)
technology strength	0.000 8*		− 0.000 2	
	(1.859)		(− 0.473)	
lev	− 0.000 4	− 0.080 3***	0.000 4**	0.006 4
	(− 0.225)	(− 7.963)	(2.412)	(0.033)
sales growth	− 0.000 2	0.013 3***	− 0.000 1	− 0.009 4
	(− 0.288)	(3.230)	(− 1.437)	(− 0.198)
fixed assets ratio	0.000 5	− 0.076 4***	0.000 7**	0.093 1
	(1.558)	(− 3.562)	(2.347)	(0.296)
size	− 0.000 0	0.010 4***	0.000 4	0.018 1
	(− 0.028)	(4.363)	(0.871)	(1.020)
employee	0.000 3	0.001 8	0.000 0	0.004 3
	(0.669)	(0.667)	(0.092)	(0.439)
constant	− 0.000 8	− 0.137 9**	− 0.001 3	− 0.390 4
	(− 0.744)	(− 2.491)	(− 1.363)	(− 0.722)
industry	yes	yes	yes	yes
year	yes	yes	yes	yes
N	2 524	2 524	2 524	2 524
Wu-Hausman *F* test	21.272***		21.853***	
Durbin-Wu-Hausman chi-sq test	21.295***		21.872***	

　　同样基于前文的分析,超额扶持类政府补助的获取更可能来自企业和政府官员之间的双向寻租活动,因此,如果企业所在地政府官员腐败问题越严重,那么政府官员更可能通过利用由其控制的政府补助作为租金,吸引企业寻租。此时,积极构建与政府官员间亲密关系的企业便更可能获取到超出正常水平的政府补助(Johnson and Mitton(2003);Calomiris et al.,2010)。鉴于此,本书使用企业所在地的腐败程度作为工具变量构建两阶段回归模型进行检验。

　　本书借鉴周黎安和陶婧(2009)、聂辉华等(2014),以及李后建和张宗益(2014)等学者的研究,使用企业所在地贪污贿赂和渎职侵权犯罪涉案人数占每万人当地公职人数的比例来衡量各地区的腐败程度。其中,各地区贪污贿赂和渎职侵权犯罪涉案人数来自《中国检察年鉴》,各地区公职人员人数来自《中国统计年鉴》。

表5.21列示了使用地区腐败程度作为工具变量的两阶段最小二乘法回归结果。从表中的结果可以看出,企业所在地腐败程度与超额扶持类政府补助显著正相关,而与超额技术类政府补助的相关关系不显著。这表明确实超额扶持类政府补助更可能来源于企业和政府官员之间的寻租活动。第二阶段的回归结果显示使用地区腐败程度作为工具变量后,超额扶持类政府补助会显著降低企业财务绩效。这表明尽管存在着一定程度的内生性问题导致统计量的偏误,但并不严重,在采用了两阶段回归模型后超额扶持类政府补助对企业财务绩效的影响结果依然是稳健的。

表 5.21　腐败指数作为工具变量的两阶段回归

变　　量	第一阶段	第二阶段	第一阶段	第二阶段
DGS—技术类		−67.727		
		(−0.530)		
DGS—扶持类				−13.221*
				(−1.663)
corruption	0.003 3		0.017 1***	
	(0.559)		(3.052)	
lev	−0.000 1	−0.088 8***	0.000 4**	−0.078 1***
	(−0.406)	(−5.434)	(2.342)	(−14.159)
sales growth	−0.000 3	0.009 9	−0.000 1	0.010 5***
	(−0.364)	(1.517)	(−1.413)	(5.444)
fixed assets ratio	0.000 5	−0.020 1	0.000 7**	−0.043 3***
	(1.500)	(−0.307)	(2.300)	(−4.738)
size	0.000 1	0.011 4***	0.000 4	0.011 3***
	(0.181)	(3.341)	(0.824)	(10.551)
employee	0.000 3	0.005 2	0.000 1	0.003 3***
	(0.612)	(1.021)	(0.191)	(2.969)
constant	−0.000 3	−0.175 1**	−0.001 9**	−0.168 7***
	(−0.319)	(−2.064)	(−2.035)	(−6.636)
industry	yes	yes	yes	yes
year	yes	yes	yes	yes
N	2 524	2 524	2 524	2 524
Wu-Hausman *F* test	3.817*		3.191*	
Durbin-Wu-Hausman chi-sq test	3.848*		3.217*	

4. 超额政府补助模型设定的检验

在对正常性政府补助的估计模型中,考虑到政府补助持续性的原因,本书对上一年度获取的政府补助总额进行了控制。但是从另一方面考虑,在模型的自变量中加入了因变量的滞后项时,也会将以往期间未能被其他自变量解释的额外因素的影响控制住了,因此,这样的做法可能也削弱了形成超额政府补助的因素的影响。为了进一步检验正常性政府补助估计模型的有效性,本书使用未包含上一年度政府补助总额的模型估算出的结果进行了稳健性检验。

表 5.22 列示了使用未包含上一年度政府补助总额的模型估算出的各类别正常性政府补助和超额政府补助对 *ROA* 的回归结果。表 5.22 上半部分的自变量是各类别正常性政府补助,下半部分自变量是各类别的超额政府补助。表中的回归结果显示,在使用未包含上一年度政府补助总额的模型进行估计后,超额技术类政府补助依然显示出显著的对企业绩效的正面作用,而超额扶持类政府补助也依旧表现出和企业绩效之间的显著负相关关系。然而在正常性政府补助方面,技术类和经贸类正常性政府补助对企业绩效的影响不显著了。这样的结果表明在不控制上期政府补助的情况下,对正常性政府补助的估计力度有减弱,而超额政府补助依然表现出了和前文相近的效果。

5. 重分类的经贸类政府补助对企业财务绩效的影响

最后,本书检验了经贸类政府补助的划分情况对实证结果的影响。在经贸类政府补助的划分过程中,本书划分的经贸类政府补助主要涵盖了产业补助政策、区域补助政策和贸易补助政策三个方面。然而,区域补助政策在补助动机和补助对象的确定方面与其他经贸类产业补助确实存在较大差异,诸如振兴东北、中部崛起和西部大开发等区域补助项目的补贴目标中突出体现了地域性的特点。这些补助的推出可能更多是由于在中国经济发展的过程中,相较东部沿海地区,上述区域总体发展较为落后,因此为了减小这种区域发展的不平衡情况,中央政府进行了这类补助项目。这类项目从某些方面来说可能更具有财政转移支付的效果,而并非是激发当地企业创造财富的一种政策行为。为了进一步检验政府补助类别划分对经贸类政府补助配置效率结果的影响,本书使用去除区域性政府补助后的其他经贸类政府补助作为自变量进行了稳健性检验。

表 5.23 列示了重分类的经贸类政府补助对企业扣除非经常性损益后的 *ROA* 的回归结果。表 5.23 的结果显示去除区域性政府补助后的其他经贸类政府补

表 5.22　政府补助对企业财务绩效的影响:未包含上期政府补助模型

变　量	合　计	技术类	经贸类	扶持类	税务类	其他类
NGS	0.647(2.588)***	0.464(0.838)	-0.545(-0.868)	1.442(2.518)**	0.322(0.675)	1.286(1.153)
lev	-0.081(-15.021)***	-0.081(-15.032)***	-0.081(-15.029)***	-0.081(-15.030)***	-0.081(-15.050)***	-0.081(-14.991)***
sales growth	0.010(5.891)***	0.010(5.867)***	0.010(5.861)***	0.010(5.904)***	0.010(5.871)***	0.010(5.881)***
fixed assets ratio	-0.049(-7.272)***	-0.050(-7.372)***	-0.050(-7.373)***	-0.050(-7.458)***	-0.050(-7.356)***	-0.050(-7.320)***
size	0.011(10.711)***	0.011(10.716)***	0.011(10.744)***	0.011(10.802)***	0.011(10.692)***	0.011(10.715)***
employee	0.003(3.061)***	0.003(3.248)***	0.003(3.241)***	0.003(3.348)***	0.003(3.223)***	0.003(3.232)***
constant	-0.170(-7.995)***	-0.167(-7.870)***	-0.167(-7.857)***	-0.169(-7.985)***	-0.167(-7.854)***	-0.167(-7.861)***
industry	yes	yes	yes	yes	yes	yes
year	yes	yes	yes	yes	yes	yes
N	2 630	2 630	2 630	2 630	2 630	2 630
adj. R-square	0.241	0.239	0.239	0.241	0.239	0.239

变　量	合　计	技术类	经贸类	扶持类	税务类	其他类
DGS	-0.034(-0.271)	0.534(1.960)*	-0.132(-0.413)	-0.550(-2.151)**	-0.102(-0.413)	-0.214(-0.468)
lev	-0.081(-15.024)***	-0.081(-15.040)***	-0.081(-15.047)***	-0.081(-14.979)***	-0.081(-15.029)***	-0.081(-15.029)***
sales growth	0.010(5.861)***	0.010(5.855)***	0.010(5.863)***	0.010(5.826)***	0.010(5.862)***	0.010(5.860)***
fixed assets ratio	-0.050(-7.339)***	-0.050(-7.339)***	-0.050(-7.336)***	-0.050(-7.422)***	-0.050(-7.356)***	-0.050(-7.348)***
size	0.011(10.736)***	0.011(10.720)***	0.011(10.732)***	0.011(10.657)***	0.011(10.723)***	0.011(10.733)***
employee	0.003(3.252)***	0.003(3.310)***	0.003(3.245)***	0.003(3.260)***	0.003(3.243)***	0.003(3.242)***
constant	-0.167(-7.875)***	-0.167(-7.857)***	-0.167(-7.871)***	-0.166(-7.785)***	-0.167(-7.858)***	-0.167(-7.873)***
industry	yes	yes	yes	yes	yes	yes
year	yes	yes	yes	yes	yes	yes
N	2 630	2 630	2 630	2 630	2 630	2 630
adj. R-square	0.239	0.240	0.239	0.240	0.239	0.239

中,正常性政府补助与企业扣除非经常性损益后的 *ROA* 在 5% 的水平上显著正相关(系数为 1.701),而超额政府补助对 *ROA* 有显著为负的影响,并在 5% 的水平上显著(系数为 - 0.876)。这一结果和表 5.4 中的回归结果基本一致,表明本书对经贸类政府补助类别的划分并不会对经贸类政府补助经济后果的实证结果产生实质影响。

表 5.23　重分类的经贸类政府补助对企业财务绩效的影响

变　　量	ROA		
TGS	- 0.493		
	(- 1.121)		
NGS		1.701**	
		(2.208)	
DGS			- 0.876**
			(- 2.274)
lev	- 0.081***	- 0.080***	- 0.081***
	(- 15.056)	(- 14.974)	(- 15.115)
sales growth	0.010***	0.010***	0.010***
	(5.848)	(5.930)	(5.871)
fixed assets ratio	- 0.050***	- 0.049***	- 0.049***
	(- 7.346)	(- 7.261)	(- 7.275)
size	0.011***	0.011***	0.011***
	(10.733)	(10.904)	(10.824)
employee	0.003***	0.003***	0.003***
	(3.299)	(3.137)	(3.304)
constant	- 0.167***	- 0.172***	- 0.169***
	(- 7.842)	(- 8.107)	(- 7.954)
industry	yes	yes	yes
year	yes	yes	yes
N	2 630	2 630	2 630
adj. R-square	0.239	0.241	0.240

5.4　本章小结

政府补助与企业会计业绩之间的关系是被学术界和政策制定者所关注但又一直存在较大争论的一个问题。本章从不同政府补助类别对企业财务绩效会产生不同影响的观点出发,在将政府补助划分为正常性政府补助和超额政府补助的基础上,检验了各类别政府补助对企业财务绩效影响的差异。本章研究假设验证情况的结果汇总列示在表 5.24 中。

表 5.24 第 5 章研究假设验证情况汇总表

研究假设	假设内容	验证结果
假设 1	其他条件相同的情况下,获取更多技术类超额政府补助的企业,企业财务绩效更好	得到验证
假设 2	其他条件相同的情况下,获取更多扶持类超额政府补助的企业,企业财务绩效更差	得到验证
假设 3a	其他条件相同的情况下,获取更多经贸类超额政府补助的企业,企业财务绩效更好	未得到验证
假设 3b	其他条件相同的情况下,获取更多经贸类超额政府补助的企业,企业财务绩效更差	得到验证
假设 4a	其他条件相同的情况下,获取更多税务类超额政府补助的企业,企业财务绩效更好	未得到验证
假设 4b	其他条件相同的情况下,获取更多税务类超额政府补助的企业,企业财务绩效更差	未得到验证
假设 5	其他条件相同的情况下,获取更多其他类超额政府补助的企业,企业财务绩效更差	未得到验证

本章的结果显示不同类别政府补助对企业财务绩效的影响的确存在差异。在整体上,正常性政府补助对企业业绩有促进作用,但获取越多超额政府补助的企业,会计业绩却更差。

细分政府补助的类别后,本书发现技术类正常性政府补助和超额政府补助均对企业业绩有正面影响,意味着技术类政府补助的整体配置效率处于较合理的状态,不论是按照地方政府财政实力等宏观经济因素特征和微观层面企业特征决定的正常性技术类政府补助,还是由于企业出众能力获取到的超额技术类政府补助,都确实促进了企业财务绩效。

在经贸类政府补助中,虽然正常性经贸类政府补助与企业业绩显著正相关,但是超额经贸类政府补助却对企业业绩有显著为负的影响,这表明如果经贸类政府补助是按照政府财政状况和企业特征核定发放,那么它的配置是合理的,但是由这些因素之外的其他原因引起的超额补助却显著降低了经贸类政府补助的配置效率。

这种配置的不合理情况在扶持类政府补助中更为突出,本书的结果显示超额扶持类政府补助与企业业绩显著负相关,并且正常性扶持类政府补助也没有对企业业绩产生显著影响。这样的结果意味着因为扶持类政府补助较为宽松的审批和监管环境,使它更容易成为政府官员创租和劣质企业寻租的目标,而一旦这些依靠自身能力难以摆脱困境的劣质企业通过寻租活动获取到超额扶持类政府补助,他们也只能借由这些补助苟延残喘,而无力有效利用这项资源改善企业盈利状况。

在税务类政府补助中,获取的正常性税务类政府补助越多,企业财务绩效越好,而超额税务类政府补助对企业业绩的影响不显著。这表明依规发放税务类政府补助可以保证补助的配置效率,而超额税务类政府补助不显著的原因可能是因为形成超额税务类政府补助的原因较为混杂。

在其他类政府补助中,没有如本书预期的出现超额其他类政府补助与企业财务绩效之间的负相关关系。这也许是因为虽然确实可能存在企业为了遮掩通过寻租活动获得政府补助的痕迹而蓄意没有进行详细披露的情况,但是这种效应被其他引起企业对政府补助信息披露不详尽的因素所稀释了。

从各类政府补助对企业财务绩效的影响差异中,本书认为超额政府补助的形成的确可能源于两种原因。一类是在技术类政府补助中体现出的源于政府对拥有出众能力、超常潜力、更能达成和实现补助宏观调控目标企业的重点支持。另一类则是由于补助设计层面本身的原因导致主管该项补助发放的政府官员具有大量自由裁量权,并由此滋生出以政府补助为标的的官员创租和企业寻租行为,而正是这类由寻租活动形成的超额政府补助造成了政府补助配置效率损失。

6 政府补助发放对管理层和外部投资者行为额外性的影响

第 5 章分析了不同类别政府补助对企业财务绩效的影响差异,本章在此基础上从政府补助带来的行为额外性的角度,继续研究企业管理层对政府补助发放的行为反应与外部投资者对政府补助发放的行为反应,并借此探讨政府补助对企业财务绩效产生影响的作用机理,以及由不同原因产生的超额政府补助在这个过程中所扮演的角色。

6.1 理论分析与研究假设

超额政府补助不仅仅会影响到企业的财务绩效,它的获取还会对企业管理层与外部投资者的行为产生影响。事实上,以提供政府补助为手段的政府介入行为的影响广泛存在于企业与投资者的相关决策中,例如企业管理层是否会加大投资规模、扩大投资范围,外部投资者对企业未来价值的判断是否会因企业获得政府补助而改变、是否会因此增加对企业的投资、调整所要求的投资回报率等。这种由于政府政策工具的使用造成的企业自身或其他利益相关者的行为变化就是本章将探讨的政府补助的行为额外性(Buisseret et al,1995;Georghiou,2002;Clarysse et al.,2009)。

6.1.1 政府补助发放对管理层行为额外性的影响

由于企业通过社会关系左右具有自由裁量权的政府官员来获取超额政府补助这一现象的存在,政府补助的发放就成为了违背资金分配市场原则下的公共资源运用。这样的情况下,超额政府补助的获取会对企业管理层的认知与行为产生显著有别于正常性政府补助获取时的影响。

首先,在以政府补助为目标的寻租活动中,通过建立与掌控政府补助发放权力的政府官员之间的紧密联系,让官员在对资助对象的申报和评审时酌情放宽条件、予以关照,是能提高企业获取政府补助可能性、增加取得的补助金额的有效途径(余明桂等,2010)。这种亲密关系的建立高度依赖于企业管理层的社会关系网络。陈冬华(2003)和吴文锋等(2009)的研究均表明企业管理层的政府任职背景可以帮助企业获取到更多的项目补助和税收优惠。肖兴志和王伊攀(2014)与魏志华等(2015)进一步验证了企业管理层为了建立政治关联的人情往来花费与获取的政府补助金额之间,存在显著的正相关关系。Lee等(2014)谈到与一位山东的企业家就政府补助的收益与成本问题进行的讨论时,这位企业家也指出动用私人关系来提高获得补助的机会是企业为取得补助所必须投入的人力资本。由此可见,这种被很多企业视为不用通过正常的生产经营活动就可以获取的额外利润,其实建立在企业管理层动用自身社会资源的基础之上。因此,当企业管理层通过动用自身的人脉关系和社会资源、颇费周章的利用人情往来获取到更多的政府补助时,他们也便有了更强的动机去使用由他们为企业带来的额外资金流入来达成对自己有利的目标。换言之,超额政府补助的获取为企业管理层进行最大化自身利益的机会主义行为提供了更强的动机。

其次,能够被寻租活动所俘获的政府补助,其自身薄弱的监管机制也为企业管理层的利己行为提供了更多的机会。纵观我国现行的各项政府补助政策,其申请条件、审批流程与事后监管都不尽相同(吴文锋等,2009;步丹璐和王晓艳,2014)。对科技创新、节能技改、防污治污等政府补助而言,由于资助对象具有较强的外部性,一旦这类项目的开发强度偏离最优水平,将带来巨大的社会成本,因此政府对这些政府补助的审批和监管更加重视,补助的申报范围、申报条件和资金使用也大都有明文规定。而在另外一些政府补助中,又确实大量存在着审批和监管都较为宽松的情况,特别是在旨在帮助和扶持企业摆脱困境的政府补助以及政府对特定企业的补偿和奖励中,普遍的特点都是申请门槛较低、审批流程较为简单、对资金用途的监管比较薄弱。这类软性条件较多的政府补助更容易被企业的寻租活动所俘获(吴文锋等,2009),而一旦企业获取了这类政府补助,由于资金使用监管机制的缺陷,会使得政府补助在实际的使用过程中更容易遭到异化(步丹璐和王晓艳,2014)。此外,通过建立与政府官员间的特殊联系,企业还能获得来自这些政府官员的特殊庇护,使他们的违规行为免于遭受政府监管部门的处罚。Correia(2014)的研究即表明企业高管通过建立与官员间的长期政治关联,可以使企业免于卷入美国证券交易委员会(SEC)的执法行动中,并且如果他们被美国证券交易委员会起诉时,也只会受到相对更低的处罚。因此,通过建立与政府间的特殊关联获取到超额政府补助的企业管理层也可以更加肆无忌惮地进行为自己牟取私立的行为。

最后,超额政府补助作为额外的大量自由资金流入,也为企业管理层进行机会主义行为提供了操作空间。Jensen(1986)认为当企业产生了额外的自由现金流时,由于道德风险问题的存在,管理者会倾向于过度投资谋取私利,从而增加投资与内部现金流的敏感性。因此,如果企业靠寻租活动获取的超额政府补助,这笔获取到的额外资金不仅受到政府部门的监管约束较小,而且又能给管理层的过度投资行为提供资金支持,使得管理层为了满足个人私利甚至可以投资于净现值为负的大风险项目中,造成企业投资效率的下降。同时,企业管理层还能运用这笔资金来进行盈余操纵,为自己谋取更高的薪酬。罗宏等(2014)的研究指出政府补助作为计入非经常性损益下的营业外收入,可以为企业管理层提供牟取私利的工具,通过对这一能够显著影响会计盈余的外生变量的操纵,管理层可以借机获取超额报酬。步丹璐和王晓艳(2014)也考察了政府补助对企业管理层薪酬的影响,她们也发现政府补助可以作为企业管理层进行真实盈余管理的手段之一,利用这一外生变量来获取高额薪酬,造成企业薪酬体系向高管的不合理倾斜,出现更大的内部薪酬差距。由此可见,企业管理层确实有极大的操作空间利用这一能显著改善企业会计业绩的外生变量来获得个人私利。

从以上分析可以看出,如果通过寻租活动获取到了超额政府补助,那么企业管理层便有更强的动机、更多的机会以及更大的操作空间,来实施为自己牟取私利的机会主义行为,而非效率投资行为与盈余管理行为正是管理层在这种情况下可能进行的两类自利行为。

Modigliani 和 Miller(1958)认为在完美市场里企业的投资支出只会受到投资

机会的影响。然而在不完美市场里,由于信息不对称和代理问题的存在,会使企业的投资活动偏离最优水平。Myers(1984)及Myers和Majluf(1984)等学者认为由于逆向选择的存在,投资者会要求额外费用来抵消为"柠檬"企业提供资金的损失,使内外部融资成本存在差别,导致企业的投资活动在投资机会因素之外,还会受到内部现金流的影响。而Jensen(1986)与Stulz(1990)等认为企业管理者与股东之间的代理冲突会引发过度投资的问题,使企业的投资支出不止取决于投资机会。由于管理层的在职消费津贴数额与企业的规模高度相关,所以企业管理层为了满足自身利益,会倾向于进行更大规模的投资,甚至罔顾这些项目的盈利性,导致企业投资的效率损失(Zwiebel,1996)。超额政府补助的出现正好为企业提供了额外的现金供给,并且由于当前环境下有效外部监督的匮乏,会使得自利的管理层有更多机会随意支配企业自由现金流,道德风险问题更为严重。随着道德风险上升,企业管理层过分追求企业规模,为了谋求私利进行过度投资,甚至投资于净现值为负的大风险项目中的行为也就可能更加凸显,导致企业整体投资效率的降低(Chen et al.,2011)。鉴于此,本书提出以下假设:

假设 6:其他条件相同的情况下,源于寻租活动的超额政府补助获取会增加企业管理层的非效率投资行为。

由于企业管理层的薪酬与企业绩效高度相关,其绩效薪金的多少取决于业绩考核结果(张俊瑞等,2003;Jackson et al.,2008;辛清泉和谭伟强,2009),所以企业管理层有强烈的动机通过对企业盈余的操纵来换取自己的高额薪酬。凭借他们动用自身人脉关系获取到的超额政府补助在强化了企业管理层谋取私利的动机时,也为他们的盈余操纵行为提供了足够多的机会。Chaney等(2011)的研究便证实了由Francis等(2005)发现的市场对低质量会计盈余的惩罚现象,在政治关联企业中并没有发生。他们的结果显示,这些企业由于政府官员的保护而得以免于遭受低质量会计盈余的处罚,使得企业管理层不用顾忌他们的盈余管理行为。在这样的前提下,这些企业的管理层便敢于为了最大化他们的利益而进行利润操纵。同时,大量的额外资金通过政府补助的形式流入企业,也为管理层进行盈余操纵提供了运作的资源。鉴于此,本书提出以下假设:

假设 7:其他条件相同的情况下,源于寻租活动的超额政府补助获取会增加企业管理层的盈余管理行为。

6.1.2 政府补助发放对外部投资者行为额外性的影响

政府补助在通过直接的资金提供来扶持具有较强外部性的项目以缓解市场失灵问题之外，另一重要作用是向市场传递出信号，降低内外部投资者之间的信息不对称问题，吸引外部资金向这些企业的流入，以此来解决由信息不对称问题引起的市场失灵问题。

由于相较于外部投资者而言，政府部门在项目筛选时拥有更大的信息优势（Meuleman and Maeseneire，2012），所以在政府补助决策部门具有独立性与专业性的假设前提下，他们作出的补助发放决策可以看作对该企业或该项目前景和质量的认可，而这种声誉优势也能帮助企业促进产品的销售（Lee et al.，2014）。因此，企业获取政府补助就可以将由于信息不对称的存在而难于观测的有关企业能力的信息反映出来，从而降低内外部投资者之间的信息不对称程度，使外部投资者对企业项目的风险和前景有更为准确的评估。

当企业凭借自身的出众能力和项目的超常潜力获取到更多的额外补助时，这类向优质企业倾斜的超额政府补助更是反映出了政府对企业的高度认可，因此传递出的信号便更加积极。外部投资者在对这类企业作出融资决策时，能够更加清晰地判断项目风险和潜在收益，其自身承担的融资风险将被有效降低，使他们更愿意给这些企业以更低的价格提供更多的资金（Lerner，2002）。鉴于此，本书提出以下假设：

假设8：其他条件相同的情况下，源于企业能力的超额政府补助获取会使企业资本成本下降。

假设9：其他条件相同的情况下，源于企业能力的超额政府补助获取会使企业获得更多借款。

在一个有效的市场体系里，资金分配应该遵循市场化规律和利益最大化原则。但是，当政府出于与企业间的特殊关系，动用公共资金对特定企业给予补助时，这种行为会违背资金分配的市场原则，使这部分公共资源的运用悖离价值最大化目标。由于政府在作出补助发放与否的决定时，更多是出于各种关系的考虑而非政策标准的衡量，这些额外补助可能会被缺乏扶持价值、也缺乏拥有有效利用这项资源能力的企业获取。这是因为已陷入困境企业受到自身经营能力和财务状况的限制，在仅仅依靠自己难以摆脱困境的情况下，他们更有动机建立与政府官员间的特殊关系并通过这些渠道来获取超额政府补助。

Faccio(2010)指出,相较于业绩较好的企业为了保持竞争力而与政府建立亲密关系而言,业绩较差的企业建立这种关系的目的是寻求政府帮助来摆脱财务困境,因而他们建立这种特殊联系的动机更为强烈。这样的情况就会导致试图通过建立特殊渠道获取政府补助的企业中,更多的会是原本自身条件就较差的"柠檬"企业。

因此,这类超额政府补助的存在会致使企业与外部投资者之间的信息不对称程度加剧,同时也增加了外部投资者的信息处理成本,从而会导致市场出现更为严重的逆向选择问题。由于越多源于寻租活动的超额政府补助背后暗示着出现"柠檬"企业的可能性越大,外部投资者向这类企业提供资金时便会要求更多的额外费用进行风险补偿,造成企业资本成本的上升。鉴于此,本书提出以下假设:

假设 10:其他条件相同的情况下,源于寻租活动的超额政府补助获取会使企业资本成本升高。

不过从另一个角度来看,政府补助除能够传递出关于企业质量的信号之外,还能向外部投资者传递出关于政府对企业政治偏袒的信号。当政府部门决定补助发放时对企业和项目进行了仔细甄别和筛选,那么获取补助的企业是被筛选过的优质企业,且其拥有优质项目,这就是补助传递出来的有关企业质量的信号,亦即政府补助的鉴证作用。外部投资者根据这个信号,可以减少它与企业间的信息不对称,将紧缺的可贷资源更倾向地投给这些优质企业,降低自身风险(王文华和张卓,2013)。

然而,如果超额政府补助的获取借助的是特殊渠道(例如政治关联),那么政府补助传递的信号便和鉴证作用信号有本质的区别,它的获取不再是代表着优质企业,而是代表着和政府之间的特殊联系,表征着这类企业能够获取到特殊政治庇佑。这时获取到的政府补助相当于政府的背书,是一份政府提供隐性担保的承诺。而外部投资者可能看中的就是这份补助后面政府的隐性担保,愿意在可贷资源紧缺时将资金借予这类企业。Charumilind 等(2006)、Khwaja 和 Mian(2005)与Claessens 等(2008)分别使用巴基斯坦、中国台湾地区和巴西的数据都证实了拥有政治关联的企业确实能够获取到来自银行的更多贷款。因此,在政府补助的鉴证作用以外,源于寻租活动的超额政府补助的背书作用也可能使外部投资者在作出借款数额的决策时,愿意向这些企业出借更多的资金。鉴于此,本书提出以下假设:

假设 11:其他条件相同的情况下,源于寻租活动的超额政府补助获取会使企业获得更多借款。

6.2 研究设计

本章的样本选择与数据来源均与第 5 章一致。为了避免极端值的影响,本书对每个连续变量前后各 1% 的观测值进行了 Winsorize 处理。

为了检验假设 6,本书将待检验的模型设定为:

$$invest_{i,\,t+1} = \alpha_i + \beta_{1i} \cdot Q_{i,\,t} + \beta_{2i} \cdot DGS_{i,\,t} + \beta_{3i} \cdot Q_{i,\,t} \cdot DGS_{i,\,t} +$$
$$\beta'_{4i} \cdot X_{i,\,t} + \sum ind + \sum year + \varepsilon_{i,\,t} \tag{6.1}$$

式中:$invest$ 为企业的投资支出,是购建固定资产、无形资产和其他长期资产支付的现金与期初总资产的比例;Q 为企业的投资机会,是企业当年销售收入增长率;DGS 为各类别超额政府补助,具体计算详见第 4 章;X 是多个控制变量构成的向量,包括企业经营现金净流量、总资产收益率、成立时长、杠杆率、雇员人数和企业规模;ind 为行业虚拟变量;$year$ 为年份虚拟变量。

根据以往文献中对投资与投资机会敏感性的文献(Chen et al,2011;喻坤等,2014),当企业投资机会与超额政府补助交乘项系数为负时,则表明获取更多超额政府补助的企业中,非效率投资行为更加严重。

为了检验假设 7,本书将待检验的模型设定为:

$$DAC_{i,\,t+1} = \alpha_i + \beta_{1i} \cdot subsidy_{i,\,t} + \beta'_{2i} \cdot X_{i,\,t} + \sum ind + \sum year + \varepsilon_{i,\,t} \tag{6.2}$$

式中:DAC 为操控性应计的三年标准差;$subsidy$ 为企业获取的政府补助;X 是多个控制变量构成的向量,包括企业规模、成长机会、企业杠杆率、雇员人数和固定资产比率;ind 为行业虚拟变量;$year$ 为年份虚拟变量。

为了检验超额政府补助和盈余管理程度之间的关系,本书使用操控性应计来作为盈余管理的衡量指标。具体而言,本书使用修正的横截面 Jones 模型来计算操控性应计(Dechow et al.,1995)。操控性应计被定义为总应计和正常性应计之差,以下模型被用来估计正常性应计:

$$\frac{TAC_{i,\,t}}{TA_{i,\,t-1}} = \beta_0 \cdot \left[\frac{1}{TA_{i,\,t-1}} \right] + \beta_1 \cdot \left[\frac{\Delta sales_{i,\,t}}{TA_{i,\,t-1}} \right] + \beta_2 \cdot \left[\frac{PPE_{i,\,t}}{TA_{i,\,t-1}} \right] + \varepsilon_{i,\,t} \tag{6.3}$$

式中:TAC 是企业的总应计;TA 是企业的总资产;$\Delta sales$ 是企业销售收入的增长;

PPE 是企业的财产、厂房和设备原值之和。

通过模型(6.3)得到的回归系数,操控性应计(DAC)被定义为:

$$DAC_{i, t} = \frac{TAC_{i, t}}{TA_{i, t-1}} - \hat{\beta}_0 \cdot \left[\frac{1}{TA_{i, t-1}} \right] - \hat{\beta}_1 \cdot \left[\frac{\Delta sales_{i, t} - \Delta AR_{i, t}}{TA_{i, t-1}} \right] - \hat{\beta}_2 \cdot \left[\frac{PPE_{i, t}}{TA_{i, t-1}} \right]$$

$$(6.4)$$

式中:ΔAR 为应收账款的增长。

出于盈余操纵行为会导致操控性应计大幅波动的考虑,本书采用 Chaney 等 (2011)的方法,使用三年间操控性应计的标准差来衡量盈余管理的程度,即高的操控性应计标准差意味着高的盈余管理程度。

为了检验假设 8 和假设 10,本书将待检验的模型设定为:

$$wacc_{i, t+1} = \alpha_i + \beta_{1i} \cdot subsidy_{i, t} + \beta'_{2i} \cdot X_{i, t} + \sum ind + \sum year + \varepsilon_{i, t} \quad (6.5)$$

式中:$wacc$ 为资本成本;$subsidy$ 为企业获取的政府补助;X 是多个控制变量构成的向量,包括企业规模、成长机会、企业杠杆率、雇员人数和固定资产比率;ind 为行业虚拟变量;$year$ 为年份虚拟变量。

对资本成本的衡量是参考了姜付秀和陆正飞(2006)以及林钟高等(2015)的方法,使用加权平均资本成本法计算企业总资本成本,具体计算公式如下:

$$wacc_{i, t+1} = K_{dl}(1 - T)\frac{B_l}{B_l + B_s + E} + K_{ds}(1 - T)\frac{B_s}{B_l + B_s + E} + K_e \frac{E}{B_l + B_s + E}$$

$$(6.6)$$

式中:K_{dl} 为长期债务成本;K_{ds} 为短期债务成本;K_e 为权益资本成本;T 为所得税税率;B_l 为长期债务;B_s 为短期债务;E 为权益资本。

长期债务成本按照银行三至五年中长期贷款利率计算,短期债务成本按照银行一年期贷款利率计算,如果贷款利率在计算期间内进行了调整,则以天数加权计算当年贷款利率。权益资本的计算借鉴 Francis 等(2005)与林钟高等(2015)的方法,使用企业年末市盈率的倒数来估计。长期债务包括长期借款、应付债券、长期应付款和一年内到期的长期借款。短期债务为资产负债表中的短期借款。

为了检验假设 9 和假设 11,本书将待检验的模型设定为:

$$loan_{i, t+1} = \alpha_i + \beta_{1i} \cdot subsidy_{i, t} + \beta'_{2i} \cdot X_{i, t} + \sum ind + \sum year + \varepsilon_{i, t} \quad (6.7)$$

式中：*loan* 为企业借款；*subsidy* 为企业获取的政府补助；*X* 是多个控制变量构成的向量，包括企业规模、成长机会、企业杠杆率、雇员人数和固定资产比率；*ind* 为行业虚拟变量；*year* 为年份虚拟变量。

考虑到借款期限对结果的影响，本书分别超额政府补助对短期借款和借款总额的影响。其中短期借款为经总资产标准化后的短期借款，借款总额为经总资产标准化后的短期借款、长期借款、一年内到期的非流动负债、应付债券和长期应付款之和。

6.3　实证结果及其分析

6.3.1　描述性统计

表 6.1 列示了主要变量的描述性统计信息。在样本期间的盈余管理指标方面，三年间操控性应计平均值（中位数）为 0.063 6（0.047 4），而最小值（0.005 0）和最大值（0.274 0）之间相差近 50 倍，表明样本中各企业间操控性应计在三年内的波动幅度差异明显。在投资活动指标方面，购建固定资产、无形资产和其他长期资产支付的现金与期初总资产的比例均值为 0.073 2，表明样本中企业各年投资支出占总资产比例平均在 7% 左右，这与 Chen 等（2011）的结果相似。在企业融资资本成本和借款数量方面，样本企业加权总资本成本平均值（中位数）为 0.032 6（0.029 9），短期融资占总资产比例的平均值（中位数）为 0.126 8（0.099 6），全部长短期借款占总资产比例的平均值为 0.170 4（0.153 6）。在控制变量方面，企业杠杆率平均值（中位数）为 0.444 8（0.434 8），投资机会也即销售收入增长率平均值（中位数）为 0.211 1（0.127 7），经营现金净流量平均值（中位数）为 0.084 3（0.039 4），总资产收益率平均值（中位数）为 0.043 8（0.041 9），企业平均成立年限为 9.523 6 年。固定资产占比平均值（中位数）为 0.222 9（0.198 7），每百万总资产所对应的雇员人数平均值（中位数）为 1.117 5（0.859 9），企业总资产的自然对数平均值（中位数）为 21.314 7（21.254 1）。

表 6.1　主要变量的定义和描述性统计

变　量	含　义	N	均值	标准差	极小值	中位数	极大值
TGS—合计	政府补助总额	2 630	0.004 9	0.006 7	0.000 0	0.002 6	0.039 0
NGS—合计	正常性政府补助	2 630	0.005 1	0.005 3	−0.004 3	0.004 1	0.029 0
DGS—合计	超额政府补助	2 630	−0.000 2	0.005 7	−0.016 0	−0.000 7	0.023 8
TGS—技术类	技术类政府补助总额	2 630	0.001 2	0.002 2	0.000 0	0.000 2	0.011 9

变　量	含　义	N	均值	标准差	极小值	中位数	极大值
NGS—技术类	正常性技术类政府补助	2 630	0.001 2	0.001 6	−0.001 7	0.000 8	0.007 9
DGS—技术类	超额技术类政府补助	2 630	0.000 0	0.002 1	−0.005 0	−0.000 1	0.009 8
TGS—经贸类	经贸类政府补助总额	2 630	0.000 9	0.002 0	0.000 0	0.000 1	0.011 9
NGS—经贸类	正常性经贸类政府补助	2 630	0.001 0	0.001 3	−0.001 9	0.000 8	0.006 4
DGS—经贸类	超额经贸类政府补助	2 630	0.000 0	0.002 2	−0.005 4	−0.000 3	0.010 9
TGS—扶持类	扶持类政府补助总额	2 630	0.000 9	0.002 1	0.000 0	0.000 1	0.014 8
NGS—扶持类	正常性扶持类政府补助	2 630	0.001 1	0.001 5	−0.001 8	0.000 9	0.007 9
DGS—扶持类	超额扶持类政府补助	2 630	−0.000 2	0.002 1	−0.005 7	−0.000 4	0.010 6
TGS—税务类	税务类政府补助总额	2 630	0.000 8	0.002 9	0.000 0	0.000 0	0.019 8
NGS—税务类	正常性税务类政府补助	2 630	0.000 8	0.002 1	−0.002 2	0.000 2	0.013 2
DGS—税务类	超额税务类政府补助	2 630	0.000 0	0.001 9	−0.006 4	−0.000 1	0.010 0
TGS—其他类	其他类政府补助总额	2 630	0.000 5	0.001 4	0.000 0	0.000 0	0.008 2
NGS—其他类	正常性其他类政府补助	2 630	0.000 6	0.001 0	−0.001 3	0.000 3	0.006 2
DGS—其他类	超额其他类政府补助	2 630	0.000 0	0.001 4	−0.004 7	−0.000 1	0.006 8
DAC-Std. Dev	企业三年间操控性应计的标准差	2 630	0.063 6	0.052 3	0.005 0	0.047 4	0.274 0
WACC	企业加权平均资本成本	2 630	0.032 6	0.019 1	0.000 0	0.029 9	0.101 0
short Term *loan*	企业短期借款数额	2 630	0.126 8	0.121 4	0.000 0	0.099 6	0.528 0
total loan	企业借款总额	2 630	0.170 4	0.143 3	0.000 0	0.153 6	0.632 8
invest	企业投资支出	2 630	0.073 2	0.082 0	0.000 1	0.047 3	0.461 1
CFO	企业经营现金净流量	2 630	0.038 8	0.084 3	−0.224 2	0.039 4	0.268 4
ROA	企业总资产收益率	2 630	0.043 8	0.056 5	−0.182 9	0.041 9	0.226 0
age	企业成立时长	2 630	9.523 6	5.454 1	2.000 0	8.000 0	25.000 0
lev	企业杠杆率	2 630	0.444 8	0.242 0	0.039 5	0.434 8	1.584 3
sales growth	企业销售收入增长率	2 630	0.211 1	0.580 0	−0.671 3	0.127 7	4.502 1
fixed assets ratio	企业固定资产占比	2 630	0.222 9	0.154 4	0.002 3	0.198 7	0.685 7
size	企业总资产的自然对数	2 630	21.314 7	1.006 6	18.828 2	21.254 1	24.178 2
employee	雇员人数占总资产比率	2 630	1.117 5	0.995 6	0.022 7	0.859 9	5.245 1

6.3.2　政府补助发放对管理层行为额外性影响的实证结果分析

　　1. 政府补助与企业非效率投资

　　表 6.2 报告了合计的超额政府补助对投资活动影响的回归结果,其中第一列是不包含超额政府补助模型的回归结果,第二列则是加入了超额政府补助以及它与投资机会交乘项的回归结果。从表中第一列的结果可以看出企业的投资支出与投资机会之间存在显著的正相关关系,并在 5% 的水平上显著,表明企业的投资活动确实遵从投资机会的引导,当投资机会越好时,企业的投资强度越大。同时,表中

的结果还显示出企业的投资活动确实还会受到内部现金流的影响,内部经营现金净流量与投资支出之间的显著正相关关系表明在投资机会因素之外,内部资金越充裕的企业,投资活动强度越大。在加入超额政府补助以及它与投资机会的交乘项之后,第二列中的结果表明超额政府补助合计数对企业投资支出没有显著影响,同时,它与投资机会的交乘项也没有显著改变企业投资效率。这样的结果表明整体上的超额政府补助没有显示出对企业投资效率的影响作用。

表 6.2　超额政府补助对投资活动的影响

变　量	(1)	(2)
Q	0.007**	0.007**
	(2.279)	(2.276)
DGS		0.442
		(1.328)
$Q * DGS$		0.104
		(0.263)
CFO	0.061***	0.061***
	(3.152)	(3.122)
ROA	0.129***	0.129***
	(4.261)	(4.277)
age	−0.003***	−0.003***
	(−9.484)	(−9.476)
lev	−0.006	−0.006
	(−0.590)	(−0.587)
$size$	0.002	0.002
	(1.170)	(1.153)
$employee$	0.003	0.003
	(1.422)	(1.395)
constant	0.049	0.050
	(1.168)	(1.187)
$industry$	yes	yes
$year$	yes	yes
N	2 630	2 630
adj. R-square	0.135	0.135

由于超额政府补助的形成可能源于寻租活动,但也有可能是因为企业的优异特质所形成的,而管理层道德风险问题的加剧更可能出现在由寻租活动获取到超额政府补助的企业中,所以接下来本书分别对各类别政府补助对企业投资活动的影响进行了检验。

表 6.3 报告了各类别超额政府补助对投资活动影响的回归结果。从表中的结果可以看出,超额扶持类政府补助对企业投资支出有正向作用,当企业获取了更多的超额扶持类政府补助时,企业更倾向提高投资活动的强度,增加更多的投资支出。然而,这样的投资支出的增加却伴随着投资效率的下降。回归结果显示超额扶持类政府补助与投资机会的交乘项显著为负,这表明在获取更多超额扶持类政府补助的企业中,投资支出与投资机会之间的正相关关系遭到了削弱,意味着投资效率被降低了。表 6.3 中的结果还显示出类似的情形在技术类、经贸类、税务类和其他类超额政府补助中并没有出现。

表6.3   各类别政府补助对投资活动的影响

变　量	(1)	(2)	(3)	(4)	(5)
Q	0.007**	0.007**	0.006**	0.007**	0.007**
	(2.265)	(2.280)	(2.015)	(2.225)	(2.214)
DGS—技术类	− 0.216				
	(− 0.320)				
$Q*DGS$—技术类	− 0.471				
	(− 0.254)				
DGS—经贸类		0.189			
		(0.283)			
$Q*DGS$—经贸类		0.193			
		(0.139)			
DGS—扶持类			2.138**		
			(2.167)		
$Q*DGS$—扶持类			− 2.565*		
			(− 1.938)		
DGS—税务类				− 1.346*	
				(− 1.686)	
$Q*DGS$—税务类				0.383	
				(0.350)	
DGS—其他类					− 0.394
					(− 0.444)
$Q*DGS$—其他类					2.253
					(1.247)
CFO	0.062***	0.061***	0.062***	0.062***	0.062***
	(3.161)	(3.135)	(3.171)	(3.170)	(3.163)
ROA	0.129***	0.129***	0.131***	0.128***	0.129***
	(4.274)	(4.242)	(4.329)	(4.238)	(4.266)
age	− 0.003***	− 0.003***	− 0.003***	− 0.003***	− 0.003***
	(− 9.488)	(− 9.476)	(− 9.587)	(− 9.482)	(− 9.588)

续表

变　量	(1)	(2)	(3)	(4)	(5)
lev	− 0.006	− 0.006	− 0.006	− 0.006	− 0.005
	(− 0.588)	(− 0.589)	(− 0.673)	(− 0.618)	(− 0.566)
size	0.002	0.002	0.002	0.002	0.002
	(1.165)	(1.162)	(1.136)	(1.200)	(1.115)
employee	0.003	0.003	0.002	0.003	0.003
	(1.419)	(1.420)	(1.319)	(1.432)	(1.455)
constant	0.049	0.049	0.051	0.047	0.050
	(1.171)	(1.168)	(1.225)	(1.125)	(1.196)
industry	yes	yes	yes	yes	yes
year	yes	yes	yes	yes	yes
N	2 630	2 630	2 630	2 630	2 630
adj. R-square	0.134	0.134	0.138	0.135	0.135

这样的结果意味着超额扶持类政府补助的获取确实与企业和政府官员之间的寻租活动关联更大,而当企业管理层动用自身人脉关系和社会资源获取到这些超额扶持类政府补助后,有极强的动机与很多的机会为满足自身利益不顾项目的盈利前景进行更大规模的投资,甚至投资于净现值为负的大风险项目中,造成企业投资效率的下降,最终可能对企业业绩造成不利影响。

2. 政府补助与盈余管理

表 6.4 报告了各类别超额政府补助对企业管理层盈余管理行为的回归结果,各组回归中因变量均为操控性应计三年标准差,自变量分别为技术类、经贸类、扶持类、税务类和其他类超额政府补助。表中的结果显示,超额技术类政府补助对操控性应计三年标准差的影响显著为负(系数为 − 0.809),而超额扶持类政府补助和操控性应计三年标准差之间的关系显著为正(系数为 0.714)。

表 6.4　各类别政府补助对盈余管理的影响

变　量	(1)	(2)	(3)	(4)	(5)
DGS—技术类	− 0.809*				
	(− 1.888)				
DGS—经贸类		0.290			
		(0.694)			
DGS—扶持类			0.714*		
			(1.662)		
DGS—税务类				− 0.415	
				(− 0.851)	

变　量	（1）	（2）	（3）	（4）	（5）
DGS—其他类					-0.705
					(-1.087)
lev	0.055^{***}	0.056^{***}	0.055^{***}	0.055^{***}	0.055^{***}
	(13.632)	(13.660)	(13.577)	(13.629)	(13.623)
sales growth	0.008^{***}	0.008^{***}	0.008^{***}	0.008^{***}	0.008^{***}
	(5.075)	(5.077)	(5.155)	(5.104)	(5.105)
fixed assets ratio	-0.037^{***}	-0.038^{***}	-0.038^{***}	-0.037^{***}	-0.037^{***}
	(-5.400)	(-5.473)	(-5.522)	(-5.462)	(-5.418)
size	-0.014^{***}	-0.014^{***}	-0.014^{***}	-0.014^{***}	-0.014^{***}
	(-14.288)	(-14.305)	(-14.309)	(-14.271)	(-14.281)
employee	-0.002^{**}	-0.002^{**}	-0.002^{**}	-0.002^{**}	-0.002^{**}
	(-2.170)	(-2.198)	(-2.178)	(-2.173)	(-2.177)
constant	0.359^{***}	0.360^{***}	0.360^{***}	0.359^{***}	0.360^{***}
	(16.874)	(16.893)	(16.914)	(16.851)	(16.869)
industry	yes	yes	yes	yes	yes
year	yes	yes	yes	yes	yes
N	2 630	2 630	2 630	2 630	2 630
adj. R-square	0.204	0.203	0.203	0.203	0.203

　　这样的结果意味着由于政府相关部门对技术类政府补助有着更为严格的前期审批和后期监督,所以企业管理层在获取超额技术类政府补助后为了牟取私利进行的盈余管理行为会受到有效限制。同时,获得超额技术类政府补助后,企业所需完成的技改、创新、防污治污等目标也需要企业管理层全力以赴,使得他们无暇他顾(步丹璐和王晓艳,2014),从而降低了盈余操纵发生的可能性。此外,企业获取超额技术类政府补助大多凭借的是自身实力,而这类实力强、能力好、质量高的企业本身公司治理水平也处于相对较高的程度,管理层的薪酬体制设计也会更为合理,因此股东与管理层之间的代理冲突并不严重,企业管理层谋取私利的行为也就相对较少。

　　相反,获取超额扶持类政府补助的企业更多是通过寻租活动,而有较强动机通过寻租来俘获政府补助的企业,其管理层的投机心理可能也较强,再加上他们动用的是自身人脉关系进行的相关寻租活动,因此他们为自己争取更多利益的动机也更强。同时,由于扶持类政府补助较低的门槛和弱化的监督,使得即使管理层使用政府补助来进行利润操纵也难以被发现。最终的结果便是获取超额扶持类政府补助的企业管理层在利益驱动下,利用凭借自己的人脉获取到的额外补助进行了更多的利润操纵，以最大化自身利益。

6.3.3 政府补助发放对外部投资者行为额外性影响的实证结果分析

1. 政府补助与资本成本

表 6.5 列示了政府补助合计数对企业资本成本影响的回归结果，使用合计的政府补助总额、正常性政府补助和超额政府补助作为自变量分别检验了它们对企业资本成本的作用。表 6.5 的回归结果显示政府补助总额和正常性政府补助显著降低了企业的资本成本（系数分别为 -0.094 和 -0.129），而超额政府补助对企业资本成本没有显著影响。这表明如果依据政府财政实力和企业特征发放正常性政府补助，那么补助确实可以向外部投资者传递出有关企业项目质量和发展潜力的信号，降低内外部投资者之间的信息不对称程度，而合计的超额政府补助中由于混杂着寻租活动和企业特质两类成因，导致超额政府补助对企业资本成本的影响不显著。

表 6.5　政府补助对资本成本的影响

变　量	wacc		
TGS	-0.094**		
	(-2.145)		
NGS		-0.129**	
		(-1.989)	
DGS			-0.021
			(-0.415)
lev	0.010***	0.010***	0.010***
	(4.318)	(4.342)	(4.339)
sales growth	0.002**	0.002**	0.002**
	(2.364)	(2.382)	(2.339)
fixed assets ratio	-0.001	-0.001	-0.001
	(-0.437)	(-0.538)	(-0.474)
size	0.009***	0.009***	0.009***
	(21.060)	(21.063)	(20.999)
employee	0.001***	0.001***	0.001***
	(3.255)	(3.266)	(3.172)
constant	-0.170***	-0.169***	-0.170***
	(-19.540)	(-19.461)	(-19.510)
industry	yes	yes	yes
year	yes	yes	yes
N	2 630	2 630	2 630
adj. R-square	0.314	0.314	0.313

　　表 6.6 列示了技术类政府补助对企业资本成本影响的回归结果。从表中的结果可以看出，正常性技术类超额政府补助对企业资本成本的影响不显著，而技术类政府补助总额和超额技术类政府补助与企业资本成本呈现出显著的负相关关系。这表明在技术类政府补助中，由于资助对象大多为研发、创新、技术改造等技术含量较高、风险较大、内外部信息不对称程度更严重的项目，所以当企业凭借自身的出众能力和项目的超常潜力获取到更多的额外补助时，这类向优质企业倾斜的超额政府补助更是反映出了政府对企业的高度认可，可以在外部投资者进行融资决策时帮助他们更加清晰地判断项目风险和潜在收益，使他们更愿意给这些企业以更低的价格提供所需的资金。

表 6.6　技术类政府补助对资本成本的影响

变　量	wacc		
TGS	−0.359 ***		
	(−3.311)		
NGS		−0.185	
		(−0.780)	
DGS			−0.274 **
			(−2.298)
lev	0.010 ***	0.010 ***	0.010 ***
	(4.194)	(4.230)	(4.343)
sales growth	0.002 **	0.002 **	0.002 **
	(2.338)	(2.350)	(2.322)
fixed assets ratio	−0.001	−0.001	−0.001
	(−0.393)	(−0.477)	(−0.446)
size	0.009 ***	0.009 ***	0.009 ***
	(21.036)	(20.993)	(21.028)
employee	0.001 ***	0.001 ***	0.001 ***
	(3.228)	(3.192)	(3.185)
constant	−0.169 ***	−0.169 ***	−0.170 ***
	(−19.523)	(−19.486)	(−19.538)
industry	yes	yes	yes
year	yes	yes	yes
N	2 630	2 630	2 630
adj. R-square	0.314	0.313	0.314

　　表 6.7 列示了经贸类政府补助合计数对企业资本成本影响的回归结果。回归结果表明正常性经贸类政府补助对企业资本成本的影响显著为负（系数为 −0.445），而超额经贸类政府补助与企业资本成本之间的回归系数为正（系数为 0.092），但并

不显著。这样的结果意味着企业获得的超额经贸类政府补助并没有给外部投资者提供有关企业项目质量和前景的鉴证信息。相反,由于可能存在的因为企业的寻租活动而产生超额经贸类政府补助的现象,使外部投资者对获取额外经贸类补助企业的经营能力和财务状况存疑,增加了外部投资者的信息处理成本,最终使得超额经贸类政府补助在整体上呈现出对企业资本成本的影响并不显著的情况。

表 6.7　经贸类政府补助对资本成本的影响

变　量	wacc		
TGS	− 0.111		
	(− 0.838)		
NGS		− 0.445*	
		(− 1.678)	
DGS			0.092
			(0.689)
lev	0.010***	0.010***	0.010***
	(4.325)	(4.306)	(4.352)
sales growth	0.002**	0.002**	0.002**
	(2.339)	(2.305)	(2.330)
fixed assets ratio	− 0.001	− 0.001	− 0.001
	(− 0.481)	(− 0.568)	(− 0.516)
size	0.009***	0.009***	0.009***
	(21.013)	(20.914)	(20.978)
employee	0.001***	0.001***	0.001***
	(3.198)	(3.273)	(3.149)
constant	− 0.170***	− 0.169***	− 0.169***
	(− 19.503)	(− 19.333)	(− 19.483)
industry	yes	yes	yes
year	yes	yes	yes
N	2 630	2 630	2 630
adj. R-square	0.313	0.314	0.313

　　表 6.8 列示了扶持类政府补助合计数对企业资本成本影响的回归结果。从表中的结果可以看出,超额扶持类政府补助会显著增加企业的资本成本(系数为0.253)。这表明超额扶持类政府补助的存在加深了企业与外部投资者之间的信息不对称程度与外部投资者的信息处理成本,从而导致市场出现了更为严重的逆向选择问题。这也意味着在扶持类政府补助中,超额补助的获取确实更有可能源于企业与政府间的寻租活动而非企业能力。由于经营能力较差的企业仅仅依靠自己难以摆脱困境,这些劣质企业有更强的动机通过寻租活动获取超额政府补助来维

系企业生存,因此企业获取的源于寻租活动的超额扶持类政府补助越多,外部投资者向这类企业提供资金时便会要求更多的额外费用进行风险补偿,造成企业资本成本的上升。

表6.8　扶持类政府补助对资本成本的影响

变　量	wacc		
TGS	0.212		
	(1.465)		
NGS		−0.196	
		(−0.956)	
DGS			0.253*
			(1.799)
lev	0.010***	0.010***	0.010***
	(4.315)	(4.340)	(4.309)
sales growth	0.002**	0.002**	0.002**
	(2.350)	(2.371)	(2.397)
fixed assets ratio	−0.001	−0.001	−0.001
	(−0.558)	(−0.495)	(−0.566)
size	0.009***	0.009***	0.009***
	(20.986)	(21.060)	(21.042)
employee	0.001***	0.001***	0.001***
	(3.094)	(3.217)	(3.170)
constant	−0.169***	−0.170***	−0.169***
	(−19.507)	(−19.548)	(−19.531)
industry	yes	yes	yes
year	yes	yes	yes
N	2 630	2 630	2 630
adj. R-square	0.313	0.313	0.314

表6.9列示了税务类政府补助合计数对企业资本成本影响的回归结果。从表中的结果可以看出正常性税务类政府补助和超额税务类政府补助对企业业绩的回归系数均为负(分别为−0.051和−0.137),但均不显著。这样的结果也再次表明在税务类政府补助中,由于审批时硬性条件和软性条件都存在,导致形成超额税务类政府补助的原因较为混杂,既有可能是因为对符合税法规定的企业活动的大力鼓励,也可能是由于企业与政府间的亲密关系而获取的。因此,在整体上超额税务类政府补助表现出对企业资本成本的影响不显著。

表6.9　税务类政府补助对资本成本的影响

变　量	wacc		
TGS	−0.142*		
	(−1.709)		
NGS		−0.051	
		(−0.382)	
DGS			−0.137
			(−0.966)
lev	0.010***	0.010***	0.010***
	(4.344)	(4.345)	(4.333)
sales growth	0.002**	0.002**	0.002**
	(2.353)	(2.336)	(2.356)
fixed assets ratio	−0.001	−0.001	−0.001
	(−0.549)	(−0.504)	(−0.504)
size	0.009***	0.009***	0.009***
	(21.046)	(20.991)	(21.026)
employee	0.001***	0.001***	0.001***
	(3.170)	(3.162)	(3.176)
constant	−0.170***	−0.170***	−0.170***
	(−19.524)	(−19.448)	(−19.545)
industry	yes	yes	yes
year	yes	yes	yes
N	2 630	2 630	2 630
adj. R-square	0.313	0.313	0.313

　　表6.10列示了其他类政府补助合计数对企业资本成本影响的回归结果。回归结果表明其他类超额政府补助能够显著降低企业的资本成本。这样的结果意味着虽然企业披露的政府补助信息难以被分类统计,但是在外部投资者眼中,形成这类超额政府补助的主要原因还是企业的项目质量而非寻租活动。因此,超额其他类政府补助传递出的信息在一定程度上也缓解了企业与外部投资者之间的信息不对称程度,降低了企业资本成本。

表6.10　其他类政府补助对资本成本的影响

变　量	wacc	
TGS	−0.534***	
	(−2.661)	
NGS		−0.169
		(−0.594)

续表

变　量	*wacc*		
DGS			-0.360^*
			(-1.803)
lev	0.010^{***}	0.010^{***}	0.010^{***}
	(4.318)	(4.349)	(4.313)
sales growth	0.002^{**}	0.002^{**}	0.002^{**}
	(2.356)	(2.335)	(2.364)
fixed assets ratio	-0.001	-0.001	-0.001
	(-0.443)	(-0.498)	(-0.451)
size	0.009^{***}	0.009^{***}	0.009^{***}
	(21.186)	(21.023)	(21.055)
employee	0.001^{***}	0.001^{***}	0.001^{***}
	(3.243)	(3.192)	(3.181)
constant	-0.170^{***}	-0.170^{***}	-0.170^{***}
	(-19.690)	(-19.545)	(-19.578)
industry	yes	yes	yes
year	yes	yes	yes
N	2 630	2 630	2 630
adj. *R*-square	0.314	0.313	0.313

2. 政府补助与借款

表 6.11 列示了超额政府补助对企业获得的短期借款的影响，各组回归中因变量均为经总资产标准化后的短期借款，自变量分别为合计、技术类、经贸类、扶持类、税务类和其他类超额政府补助。从表中的结果可以看出超额政府补助整体上能够帮助企业获取到显著更多的外部借款（系数为 0.680）。这表明超额政府补助确实向外部投资者传递了某种信号，弥补了内外部之间的信息不对称，使外部投资者愿意向企业提供资金。

表 6.11　超额政府补助对短期借款的影响

变　量	(1)	(2)	(3)	(4)	(5)	(6)
DGS—合计	0.680^*					
	(1.951)					
DGS—技术类		-0.868				
		(-1.039)				
DGS—经贸类			1.378			
			(1.579)			
DGS—扶持类				1.701^*		
				(1.866)		

续表

变量	(1)	(2)	(3)	(4)	(5)	(6)
DGS—税务类					−0.990	
					(−1.136)	
DGS—其他类						2.011
						(1.504)
lev	0.253***	0.253***	0.253***	0.252***	0.252***	0.253***
	(16.777)	(16.758)	(16.772)	(16.707)	(16.772)	(16.798)
sales growth	−0.001	−0.001	−0.001	−0.000	−0.000	−0.001
	(−0.158)	(−0.145)	(−0.152)	(−0.061)	(−0.115)	(−0.168)
fixed assets ratio	0.053***	0.054***	0.053***	0.053***	0.054***	0.053***
	(3.055)	(3.143)	(3.073)	(3.058)	(3.112)	(3.098)
size	0.004	0.004	0.004	0.004	0.004	0.004
	(1.477)	(1.505)	(1.456)	(1.489)	(1.515)	(1.489)
employee	−0.005**	−0.005**	−0.005**	−0.005**	−0.005**	−0.005**
	(−2.323)	(−2.283)	(−2.320)	(−2.285)	(−2.275)	(−2.298)
constant	−0.040	−0.043	−0.040	−0.041	−0.044	−0.042
	(−0.751)	(−0.800)	(−0.745)	(−0.764)	(−0.815)	(−0.780)
industry	yes	yes	yes	yes	yes	yes
year	yes	yes	yes	yes	yes	yes
N	2 630	2 630	2 630	2 630	2 630	2 630
adj. R-square	0.334	0.333	0.334	0.334	0.333	0.334

但是将补助细分为五类后,却发现只有超额扶持类政府补助对企业短期借款的影响显著为正(系数为1.701),而技术类、经贸类、税务类和其他类超额政府补助对借款数量的影响都不显著。由于超额扶持类政府补助更多来源于企业与政府官员之间的双向寻租活动,所以这样的结果意味着在政府补助的鉴证作用和背书作用之间,外部投资者在作出有关借款数量的决策时更看重的是政府补助后面所隐含着的政府背书。超额扶持类政府补助来源于企业与政府之间的亲密关系,体现的正是这种政府对这类企业的偏袒和庇佑,而诸如超额技术类政府补助代表的更多的是正常流程下政府部门对企业进行甄别筛选后的决定。因此,本书认为在作借款数额的决策时,外部投资者所重视的政府补助的信号作用是这份补助后面政府的隐性担保,所以才只有超额扶持类政府补助的信号作用显著。外部投资者可能认为相较其他企业而言,这类能够获取到政府特殊庇佑的企业即使无法靠自己偿还借款,政府作为他身后的隐性担保单位也能保证外部投资者的资金最终可以得到偿还。

表6.12列示了超额政府补助对企业获得的借款总额的影响,各组回归中因变

量均为经总资产标准化后的企业借款总额,自变量分别为合计、技术类、经贸类、扶持类、税务类和其他类超额政府补助。使用借款总额作为因变量以后,结果和使用短期借款作为因变量时基本一致。超额政府补助合计数对企业借款总额的影响显著为正(系数为 0.749),经贸类和扶持类超额政府补助也对企业借款总额有显著的正向作用(系数分别为 1.953 和 2.056)。

表 6.12   超额政府补助对借款总额的影响

变　量	(1)	(2)	(3)	(4)	(5)	(6)
DGS—合计	0.749*					
	(1.930)					
DGS—技术类		− 0.324				
		(− 0.367)				
DGS—经贸类			1.953**			
			(2.051)			
DGS—扶持类				2.056**		
				(1.980)		
DGS—税务类					− 1.647*	
					(− 1.647)	
DGS—其他类						2.067
						(1.486)
lev	0.320***	0.320***	0.320***	0.319***	0.319***	0.320***
	(19.026)	(18.995)	(19.008)	(18.971)	(19.032)	(19.039)
sales growth	− 0.000	− 0.000	− 0.000	− 0.000	− 0.000	− 0.000
	(− 0.093)	(− 0.078)	(− 0.090)	(− 0.001)	(− 0.044)	(− 0.100)
fixed assets ratio	0.114***	0.116***	0.114***	0.114***	0.115***	0.115***
	(5.991)	(6.054)	(5.988)	(5.986)	(6.032)	(6.032)
size	0.017***	0.017***	0.017***	0.017***	0.017***	0.017***
	(5.539)	(5.568)	(5.503)	(5.552)	(5.597)	(5.558)
employee	− 0.014***	− 0.014***	− 0.014***	− 0.014***	− 0.014***	− 0.014***
	(− 5.393)	(− 5.363)	(− 5.396)	(− 5.369)	(− 5.348)	(− 5.374)
constant	− 0.320***	− 0.323***	− 0.319***	− 0.321***	− 0.324***	− 0.322***
	(− 5.117)	(− 5.168)	(− 5.099)	(− 5.131)	(− 5.204)	(− 5.153)
industry	yes	yes	yes	yes	yes	yes
year	yes	yes	yes	yes	yes	yes
N	2 630	2 630	2 630	2 630	2 630	2 630
adj. R-square	0.394	0.394	0.394	0.394	0.394	0.394

如果外部投资者关注的是政府补助传递的政府对企业进行了甄别的信号,那么在获取更多超额技术类政府补助的企业中,补助的信号作用会更强;反之,如果外部投资者关注的是政府提供隐性担保的信号,那么在获取更多超额经贸类和扶

持类政府补助的企业中,补助的信号作用则会较弱。表 6.11 的结果意味着外部投资者在作出借款数额的决策时,更为重视的超额政府补助传递出的信息确实是政府补助后体现出的政府背书。

6.4 本章小结

政府补助在影响企业的产出变量之外,同时也会对受资助企业及其利益相关者的行为产生影响。本章从企业管理层和外部投资者对企业获取不同类别超额政府补助之后的行为反应差异进行了分析,进一步探讨了政府补助带来的行为额外性。本章研究假设验证情况的结果汇总列示在表 6.13 中。

本章的结果显示在企业管理层对超额政府补助发放的行为反应方面,当企业获取了超额扶持类政府补助后,企业会提高投资活动的强度,但这种投资支出的增加却伴随着投资效率的下降,在获取更多超额扶持类政府补助的企业中,投资支出与投资机会之间的正相关关系遭到了削弱。这种情况并没有出现在技术类、经贸类、税务类和其他类超额政府补助中。此外,超额技术类政府补助的获取能够抑制企业管理层的盈余管理行为,而超额扶持类政府补助与操控性应计三年标准差之间的关系却显著为正。这意味着超额扶持类政府补助的形成更可能是来源于企业通过寻租活动与掌握补助发放权的政府官员之间建立的紧密关系。这类超额政府补助的获取对企业管理层的行为产生了显著别于政府补助正常发放时的影响。当企业管理层颇费周章地利用人情往来获取额外补助后,他们便有了更强的动机动用这些资金达成对自己有利的目标。随着超额政府补助这一额外资金的大量流入,企业管理层便开始为了自身利益进行更多的盈余管理行为,并且不顾项目盈利前景地增加投资支出,甚至为了单纯追求投资规模将资金投入净现值为负的项目,导致企业整体投资效率下降。

在外部投资者对超额政府补助发放的行为反应方面,本章的实证结果显示超额技术类政府补助能够显著降低企业资本成本,而超额扶持类政府补助却会导致企业资本成本的上升。这样的结果同样意味着超额扶持类政府补助更多地可能源自企业的寻租活动。当政府补助的发放是出于关系的考虑而非政策标准的衡量时,超额政府补助可能会被缺乏扶持价值、也缺乏拥有有效利用这项资源能力的企业获取。这样的情况出现时也就意味着获取越多超额政府补助的企业中"柠檬"企业占比越高,外部投资者提供融资时将会要求额外费用补偿所承担的风险,造成企业资本成本的上升。而超额技术类政府补助则更可能是真正源于企业的出众能力和项目的超常潜力,因此它的获取更是反映出政府对企业能力和项目质量的高度认可,有助于外部投资者在融资前更加清晰地对企业进行评估,从而降低投资者承担的融资风险,最终使他们愿意以更低的价格向这类企业提供资金。不过,对借款金额的实证结果表明外部投资者在作借款数额的决策时,更看重的是政府补助传递出的政府向企业提供的隐性担保。

本章的结果进一步确认了超额政府补助的形成主要可能源自企业能力和寻租活动两类原因,并且由于不同类别政府补助设计层面本身的特征导致在某些类别中超额政府补助的形成更可能源于其中的一种原因。当超额政府补助主要来源于企业的寻租活动时,其发放会导致企业管理层更为严重的道德风险问题以及市场中的逆向选择问题,导致企业非效率投资行为和盈余管理行为的增多以及资本成本的上升。

表 6.13 第六章研究假设验证情况汇总表

研究假设	假设内容	验证结果
假设 6	其他条件相同的情况下,源于寻租活动的超额政府补助获取会增加企业管理层的非效率投资行为	得到验证
假设 7	其他条件相同的情况下,源于寻租活动的超额政府补助获取会增加企业管理层的盈余管理行为	得到验证
假设 8	其他条件相同的情况下,源于企业能力的超额政府补助获取会使企业资本成本下降	得到验证
假设 9	其他条件相同的情况下,源于企业能力的超额政府补助获取会使企业获得更多借款	未得到验证
假设 10	其他条件相同的情况下,源于寻租活动的超额政府补助获取会使企业资本成本升高	得到验证
假设 11	其他条件相同的情况下,源于寻租活动的超额政府补助获取会使企业获得更多借款	得到验证

7　结论与展望

7.1　研究结论与政策建议

7.1.1　主要研究结论与创新之处

政府补助作为缓解市场失灵问题的主要政府干预手段之一,凭借着对资助对象提供资金优势来推动和鼓励特定经济活动的进行。然而,虽然市场失灵现象的存在使政府以提供补助为主的干预行为有了正当的理由,政府也声称提供补助能够刺激经济增长并且他们会确保补助的配置效率,但在真正的执行过程中政府补助的分配和使用依然会受到多方因素的影响,造成不同类别政府补助配置效率差异性的存在。

本书从政府补助类别的划分以及超额政府补助的度量入手,研究了不同类别政府补助对企业业绩的影响差异,并且进一步探讨了政府补助引起的企业管理层和外部投资者的行为额外性,旨在探究出超额政府补助中到底包含着怎样的信息,并借此为会计财务报告的使用者利用政府补助数据进行相关决策提供依据,同时也为我国政府补助政策的制定与监管提出建议。

本研究的主要研究结论如下:

(1)政府补助的分类。本书认为由于各主管部门行政职责和关注重点的不同,使不同政府补助之间的既定目标、受助对象、审批条件和监管要求存在显著差异,而这些政府补助设计层面的差异会对政府补助的配置过程产生影响，并最终导致不同种类政府补助的效率差别。鉴于此，本书综合考虑了政府补助资助对象的外部性大小、溢出效应强弱、政府补助的发放是否能够提供鉴证作用以及补助的政策属性等因素，将政府补助分为了技术类政府补助、经贸类政府补助、扶持类政府补助、税务类政府补助和其他类政府补助，发现虽然 2008—2012 年间五类政府补助占比相差不大，但对企业财务绩效和管理层与外部投资者行为的影响存在显著差异。

（2）超额政府补助的定义与计量。本书认为在补助资源的配置过程中，某些特殊原因部分企业可能能够获取到超出正常水平的政府补助，即超额政府补助。这些超额政府补助的获取一部分可能源于企业出众的能力和项目超常的潜力使之能够更有利于政府宏观调控目标的实现，因而这些企业获得了政府补助管理部门的青睐。另一部分则可能是通过企业与掌控补助发放权的政府官员之间的寻租活动所获取的来自关联官员的政治偏袒。鉴于此，本书建立了正常性政府补助的估计模型，将超额政府补助定义为政府补助总额与正常性政府补助之差。本书发现模型中各因素对不同类别超额政府补助的作用大小存在差别，并且各类超额政府补助对企业财务绩效和管理层与投资者行为会产生不同的影响，表明不同类别政府补助中形成超额政府补助的原因确有差异。

（3）不同类别政府补助对企业业绩的影响。本书认为各类别政府补助设计层面的差异将引起超额政府补助主要形成原因的不同，进而造成不同类别政府补助对企业业绩影响的差异。

具体而言，本书的实证结果表明技术类正常性政府补助和超额政府补助均对企业业绩有正面影响，意味着技术类政府补助的整体配置效率处于较合理的状态，而超额技术类政府补助的获取更大可能来源于企业的出众能力。正常性经贸类政府补助对企业业绩有正向作用，但超额经贸类政府补助对企业业绩的影响显著为负，这表明正常因素以外的超额经贸类政府补助的发放降低了经贸类政府补助的配置效率，它更可能是来源于寻租活动而非企业能力。这种配置的不合理情况在扶持类政府补助中更为突出，在正常性扶持类政府补助无法提振企业绩效的同时，超额扶持类政府补助与企业业绩显著负相关，表明扶持类政府补助宽松的审批条件使其更易成为"柠檬"企业寻租活动的标的，导致在获取超额扶持类政府补助的企业中，缺乏扶持价值和高效利用这项资源能力的企业占比更大，最终表现出超额扶持类政府补助与企业业绩之间的负相关关系。税务类和其他类超额政府补助对企业业绩的影响不显著,可能是形成这两类超额政府补助的原因较为混杂的缘故。

（4）企业管理层对不同类别政府补助发放的行为反应。本书认为由寻租活动产生的超额政府补助会对企业管理层的认知和行为产生显著有别于其他政府补助获取时的影响。实证检验结果表明当企业获取了更多的超额扶持类政府补助时,企业的非效率投资行为增多,具体表现在虽然企业投资支出上升,但投资支出与投资机会的正相关关系却下降了。同时,超额技术类政府补助会降低企业管理层的盈余管理行为,而超额扶持类政府补助会显著增加管理层的利润操纵。这意味着当企业管理层因寻租活动而获得超额政府补助时,他们有更强的动机、更多的机会和更大的操作空间来实施为自己牟取私利的机会主义行为,导致管理层道德风险的上升。随着道德风险的上升,企业管理层会进行更多有利自己的盈余管理行为,并且会过分追求企业规模,为了牟求私利进行过度投资,甚至投资于净现值为负的大风险项目中的行为也就可能更加凸显,导致企业非效率投资行为的增多。

（5）外部投资者对不同类别政府补助发放的行为反应。本书认为当企业凭借自身的出众能力获取到更多的超额政府补助时,这类向优质企业倾斜的超额政府补助反映出了政府对企业的高度认可,可以帮助外部投资者更加清晰地判断项目风险和潜在收益,从而使他们在作出融资决策时愿意以更低的价格向这些企业提供更多的资金。而如果超额政府补助的获取是通过企业与掌控补助发放权的政府官员之间的寻租活动产生的,那么由于自身经营能力较差的企业更愿意在寻租活动上花费更多精力,所以获取更多超额政府补助的企业中"柠檬"企业占比更大,导致市场出现更严重的逆向选择行为。外部投资者在向这些企业提供资金时也会要求更多的额外费用进行风险补偿,造成这些企业融资成本的上升。本书的实证检验结果也表明超额技术类政府补助确实能够显著降低企业资本成本,而超额扶持类政府补助却会导致企业资本成本的上升。这也再次验证了在技术类政府补助中形成超额政府补助的主要原因是企业的自身条件,而在扶持类政府补助中产生超额政府补助的主要原因则是寻租活动。不过,当外部投资者在作有关借款数额的决策时,更看重的反而是借由政府补助传递出的政府向企业提供的隐性担保。

本书主要的创新点在于:第一,在基于资源配置效率视角对政府补助进行分类后,本书发现正常性政府补助有助于提升企业财务绩效,而超额政府补助对企业财务绩效有负面影响。本书的研究表明以往文献中政府补助对企业财务绩效的影响出现不同结论的原因,可能正是在于未能区分正常性政府补助和超额政府补助对企业财务绩效的不同作用。第二,在基于政策视角对政府补助进行分类后,本书发现技术类政府补助的审批和监管更为严格,因此该项补助更有助于企业增强核心竞争力、提升财务绩效。相对地,由于扶持类政府补助较为宽松的申请条件和事后监管,所以该项补助无助于企业财务绩效的增强。本书的结果弥补了以往研究中所欠缺的政府补助设计层面因素对企业财务绩效作用的分析。第三,在基于资源配置视角和基于政策视角的政府补助交叉分类后,本书发现补助审批条件和监管力度的差异导致了超额技术类政府补助更多源于企业出众实力,且其能进一步提升企业财务绩效,而超额扶持类政府补助更多来自寻租活动,且其对企业财务绩效有显著的负面影响。这意味着与源于企业出众实力而获得的政府补助相比,源于寻租活动的超额政府补助是造成政府补助配置效率损失的主要因素。第四,从政府补助的行为额外性角度,本书发现由寻租活动产生的超额政府补助会增加以非效率投资和盈余管理为代表的管理层自利行为,也会使外部投资者向企业提供资金时要求更多的额外费用进行风险补偿。这一结果意味着由寻租活动产生的超额政府补助会对企业管理层和外部投资者的认知和行为产生显著影响,这为不同类别政府补助的配置效率差异提供了来自补助行为额外性视角的有力解释。

7.1.2 政策建议

用以推动特定产业发展或特定经济活动进行的政府补助其本质是在政府干预下的公共资源再分配,如何保障配置过程中政府补助的使用效率是政府补助主管部门最关心的问题之一。结合前述的研究结果,本书认为在政府补助主管部门制定补助政策时,需要特别重视政府补助设计层面的问题。本书的研究结果均表明政府补助的审批条件和监管力度的差别会使试图通过寻租活动获取更多补助的企业将目标锁定在硬性申请条件较低、政府官员自由裁量权较大的政府补助上,一旦这些补助被企业的寻租活动所俘获,将导致补助的配置效率被利益集团的私人欲望所扭曲,大量补助资金很可能会被"柠檬"企业白白浪费或是用于满足管理层的私利,造成更为严重的信息不对称问题。因此,政府相关部门应加强对政府补助决策流程的监管、增加政府补助申请条件中的硬性约束、保证政府补助发放决策相关信息的公开和透明、弱化单个政府官员对补助发放的掌控、加大政府补助资金使用的事后监管力度,以避免企业通过寻租活动获取超额政府补助造成的政府补助效率损失。同时,政府补助的资助对象应尽量向具有较大正外部性的经济活动倾斜,更加充分地发挥政府补助在投资活动中的引导作用,相应减少对"僵尸企业"的补贴扶持,避免单纯靠政府动用公共资金来帮助企业维持生计,使额外补助的发放是基于企业能力和项目质量的政策倾斜,尽量降低其被寻租活动所俘获的可能。

从会计报表使用者的角度来看,本书的研究为会计财务报告的使用者利用政府补助数据进行相关决策提供了依据。本书认为企业利益相关者在分析财务报表中的政府补助数据时不仅需要关注企业获取的政府补助总额,还应关注财务报表附注中有关政府补助的具体披露。就政府补助的类别而言,获取更多技术类政府补助预示着企业正在进行的较高外部性的项目得到了政府部门的认可和肯定,也就意味着该企业的研发能力和经营水平处于行业中的领先地位,项目风险相对较小,潜在收益相对较高。而获取更多扶持类政府补助则预示着企业更有可能不是凭借自身实力,而是通过与掌控补助发放权的政府官员间的寻租活动获得的,这意味着外部投资者需要更加深入地了解企业的实际经营状况,以防范可能出现的"柠檬"企业。

7.2　研究局限与未来展望

本书探讨了不同类别政府补助对企业业绩及管理层和投资者行为反应影响的差异,在尝试对政府补助进行分类和超额政府补助进行度量的基础上,取得了一些初步结论。但总体而言,本书的研究还是探索性的,依然存在一定局限。

首先在样本的选取上,本书选取的民营企业样本局限于沪深两市上市企业。这对研究结果的影响主要体现在由于地方政府在进行补助发放时为了维护地区经济形象会向上市企业倾斜,所以这种自选择偏差使上市企业中得出的研究结果无法简单地推演至全部企业中。换言之,本书的结论可能并不能准确地反映政府补助配置过程中的总体特征。

其次,在对政府补助进行分类的标准上,本书综合考虑了政府补助资助对象的外部性大小、溢出效应强弱、政府补助的发放是否能够提供了鉴证作用以及补助的政策属性等因素。这样的分类标准虽然确实可以区分出政府补助设计层面的潜在差异,但从使用者的角度而言较为复杂,不够简单明了,可能会影响该方法的普及使用。

最后,在研究内容方面,本书仅从非效率投资、盈余管理与资本成本的角度考虑了企业管理层与外部投资者对政府补助发放的行为反应。事实上,由于因寻租活动产生的超额政府补助会带来更为严重的道德风险和逆向选择问题,所以政府补助带来的行为额外性还会体现在企业管理层的多种机会主义行为中,对外部投资者的影响也不仅局限于融资成本和数量中。本书对企业管理层与外部投资者对政府补助发放行为反应的分析无法全面体现政府补助所带来的行为额外性。

在未来的研究中,本书认为可以从以下几个方面进行扩展:

第一,在数据可得的情况下,将本书的研究扩展至民营非上市企业中,从更大范围来探讨本书结论的普遍性和适用性。

第二,可以考虑从更多的角度对政府补助进行分类。划分标准的不同其实体现了政府补助在某一特定方面的区别,研究不同类别政府补助的经济后果有助于进一步厘清是什么原因导致了政府补助的配置效率差异。

第三,进一步扩展政府补助的行为额外性研究。政府补助行为额外性是目前学术界关注的热点,从不同类别政府补助带来的行为额外性差异的分析中可以为政府补助对企业投入和产出的影响提供更丰富的解释。

参考文献

［１］Bergstrom F. Capital Subsidies and the Performance of Firms[J]. Small Business Economics，2000，14(3).

［２］Stigler GJ. The Theory of Economic Regulation[J]. The Bell Journal of Economics and Management Science，1971，2(1).

［３］Hamberg D. R&D：Essays on the Economics of Research & Development[J]. New York：Random House，1966.

［４］Demirguc-Kunt A，Maksimovic V. Institutions，Financial Markets，and Firm Debt Maturity[J]. Journal of Financial Economics，1999，54(3).

［５］Kandilov IT. Do Exporters Pay Higher Wages? Plant-Level Evidence from an Export Refund Policy in Chile[J]. World Bank Economic Review，2009，23(2).

［６］唐清泉，罗党论.政府补贴动机及其效果的实证研究——来自中国上市公司的经验证据[J].金融研究，2007，6.

［７］解维敏，唐清泉，陆姗姗.政府 R&D 资助，企业 R&D 支出与自主创新——来自中国上市公司的经验证据[J].金融研究，2009，6.

［８］Lach S. Do R&D Subsidies Stimulate or Displace Private R&D? Evidence from Israel[J]. Journal of Industrial Economics，2002，50(4).

［９］Zia BH. Export incentives，Financial Constraints，and the(Mis)allocation of

Credit：Micro-Level Evidence from Subsidized Export Loans[J]. Journal of Financial Economics，2008，87(2).

［10］Chen X，C，Lee WJ，Li J. Government Assisted Earnings Management in China[J]. Journal of Accounting and Public Policy，2008，27(3).

［11］杨其静,杨继东.政治联系、市场力量与工资差异——基于政府补贴的视角[J].中国人民大学学报,2010，2.

［12］余明桂,回雅甫,潘红波.政治联系、寻租与地方政府财政补贴有效性[J].经济研究,2010，3.

［13］顾元媛.寻租行为与 R&D 补贴效率损失[J].经济科学,2011，5.

［14］Shleifer A，Vishny RW. Politicians and Firms[J]. The Quarterly Journal of Economics，1994，109(4).

［15］Khalil S，Saffar W，Trabelsi S. Disclosure Standards，Auditing Infrastructure，and Bribery Mitigation[J]. Journal of Business Ethics，2015，132(2).

［16］Demirguc-Kunt A，Maksimovic V. Law，Finance，and Firm Growth[J]. Journal of Finance，1998，53(6).

［17］Cohen LR，Noll RG. The Technology Pork Barrel[M]. Washington，D.C.：Brookings Institution，1991.

［18］Wallsten SJ. The Effects of Government-Industry R&D Programs on Private R&D：The Case of the Small Business Innovation Research Program[J]. Rand Journal of Economics，2000，31(1).

［19］Lee E，Walker M，Zeng C. Do Chinese Government Subsidies Affect Firm Value？[J]. Accounting Organizations and Society，2014，39(3).

［20］Calomiris CW，Fisman R，Wang YX. Profiting from Government Stakes in a Command Economy：Evidence from Chinese Asset Sales[J]. Journal of Financial Economics，2010，96(3).

［21］Wren C，Waterson M. The Direct Effects of Financial Assistant to Industry [J]. Oxford Economic Paper，1991，43.

［22］Jenkins J，Jaynes A. Do High Technology Policies Work？ High Technology Industry Employment Growth in U.S. Metropolitan Areas 1988—1998[J]. Social Forces，2006，85(9).

［23］ Young A. The Razor's Edge：Distortions and Incremental Reform in the Pepole's Republic of China［J］. Quarterly Journal of Economics，2000，11.

［24］ Sun L. Anticipatory Ownership Reform Driven by competition：China's TVES and Private Enterprise in 1990s［J］. Comparative Economic Studies，2000，42(3).

［25］ 郭剑花，杜兴强.政治联系、预算软约束与政府补助的配置效率——基于中国民营上市公司的经验研究［J］.金融研究，2011，2.

［26］ Johnson S，Mitton T. Cronyism and Capital Controls：Evidence from Malaysia［J］. Journal of Financial Economics，2003，67(2).

［27］ 陈冬华.地方政府、公司治理与补贴收入——来自我国证券市场的经验证据［J］.财经研究，2003，9.

［28］ Chen CJP，Li ZQ，Su XJ，et al. Rent-Seeking Incentives，Corporate Political Connections，and the Control Structure of Private Firms：Chinese Evidence［J］. Journal of Corporate Finance，2011，17(2).

［29］ Lin KJ，Tan J，Zhao L，et al. In the Name of Charity：Political Connections and Strategic Corporate Social Responsibility in a Transition Economy［J］. Journal of Corporate Finance，2015，32.

［30］ 魏志华，吴育辉，曾爱民.寻租、财政补贴与公司成长性——来自新能源概念类上市公司的实证证据［J］.经济管理，2015，1.

［31］ Lerner J. The Government as Venture Capitalist：The Long-run Impact of the SBIR Program［J］. The Journal of Business，1999，72(3).

［32］ Feldman M，Kelley M. The Ex Ante Assessment of Knowledge Spillovers：Government R&D Policy，Economic Incentives and Private Firm Behavior［J］. Research Policy，2006，35(10).

［33］ Takalo T，Tanayama T. Adverse Selection and Financing of Innovation：Is There a Need for R&D Subsidies？［J］. Journal of Technology Transfer，2010，35(1).

［34］ Kleer R. Government R&D Subsidies as a Signal for Private Investors［J］. Research Policy，2010，39(10).

［35］ Peltzman S. Towards a More General Theory of Regulation［J］. Journal of

Law and Economics，1976，19(2)．

［36］Becker GS. A Theory of Competition among Pressure Groups for Political Influence［J］. Quarterly Journal of Economics，1983，98(3)．

［37］Faccio M，Masulis RW，McConnell JJ. Political Connections and Corporate Bailouts［J］. Journal of Finance，2006，61(6)．

［38］Faccio M. Differences between Politically Connected and Nonconnected Firms：a Cross-country Analysis［J］. Financial Management，2010，39(3)．

［39］Correia MM. Political Connections and SEC Enforcement［J］. Journal of Accounting and Economics，2014，57(2—3)．

［40］Roseackerman S. Ideals versus Dollars：Donors，Charity Managers，and Government Grants［J］. Journal of Political Economy，1987，95(4)．

［41］Andreoni J，Payne AA. Is Crowding out Due Entirely to Fundraising? Evidence from a Panel of Charities［J］. Journal of Public Economics，2011，95 (5—6)．

［42］Hughes P，Luksetich W，Rooney P. Crowding-out and Fund-Raising Efforts the Impact of Government Grants on Symphony Orchestras［J］. Nonprofit Management & Leadership，2014，24(4)．

［43］罗宏,黄敏,周大伟等.政府补助、超额薪酬与薪酬辩护［J］.会计研究,2014，1．

［44］Wu JF，Cheng ML. The Impact of Managerial Political Connections and Quality on Government Subsidies：Evidence from Chinese Listed Firms［J］. Chinese Management Studies，2011，5(2)．

［45］Chen SM，Sun Z，Tang S，et al. Government Intervention and Investment Efficiency：Evidence from China［J］. Journal of Corporate Finance，2011，17(2)．

［46］步丹璐,王晓艳.政府补助、软约束与薪酬差距［J］.南开管理评论,2014，2．

［47］Lee CWJ. Financial Restructuring of State-Owned Enterprises in China：The Case of Shanghai Sunve Pharmaceutical Corporation［J］. Accounting, Organizations and Society，2001，26．

［48］O'Connor NG，Deng J，Luo YD. Political Constraints，Organization Design and Performance Measurement in China's State-Owned Enterprises［J］. Accounting, Organizations and Society, 2006, 31.

［49］孔东民,刘莎莎,王亚男.市场竞争、产权与政府补贴[J].经济研究,2013, 2.

［50］Ricketts M. The Subsidy as a Purely Normative Concept[J]. Journal of Public Policy, 1985, 5(3).

［51］Robinson WC. What Is a Government Subsidy? [J]. National Tax Journal, 1967, 20(1).

［52］Prest AR. The Economic Rationale of Subsidies to Industry[M]. London, 1976.

［53］Shoup CS. The Terminology of Subsidies[M]. Papua, 1973.

［54］Lehner S, Meiklejohn R, Reichenbach H. Fair Competition in the Internal Market: Community State Aid Policy[J]. European Economy. Commission of the European Communities: Brussels, 1991.

［55］Clarysse B, Wright M, Mustar P. Behavioural Additionality of R&D Subsidies: A Learning Perspective[J]. Research Policy, 2009, 38(10).

［56］Georghiou L. Additionality and Impact of R&D Subsidies[J]. IWT Studies, 2002, 40.

［57］Buisseret T, Cameron H, Georghiou L. What Difference Does It Make? Additionality in the Public Support of R&D in Large Firms[J]. International Journal of Technology Management, 1995, 10(4—5).

［58］Falk R. Measuring the Effects of Public Support Schemes on Firms' Innovation Activities[J]. Research Policy, 2007, 36(5).

［59］Autio E, Gustafsson R, Kanninen S. First-and Second-Order Additionality and Learning Outcomes in Collaborative R&D Programs [J]. Research Policy, 2008, 37(1).

［60］Modigliani F, Miller MH. The Cost of Capital, Corporation Finance and the Theory of Investment[J]. American Economic Review, 1958, 48(3).

［61］Yoshikawa H. On the 'Q' Theory of Investment[J]. American Economic Review, 1980, 70.

［62］Hayashi F. Tobin's Marginal Q and Average Q: A Neoclassical Interpretation [J]. Econometrica, 1982, 50.

［63］ Jensen M，Meckling W. Theory of the Firm：Managerial Behavior，Agency Costs and Ownership Structure［J］. Journal of Financial Economics，1976，3.

［64］ Nelson RR. The Simple Economics of Basic Scientific Research［J］. Journal of Political Economy，1959，67.

［65］ Arrow K. Economic Welfare and the Allocation of Resources for Invention ［M］. Princeton：Princeton University Press，1962.

［66］ Metcalfe JS，Georghiou L. Equilibrium and Evolutionary Foundations of Technology Policy［J］. Science Technology and Industry Review，1998，22.

［67］ Khwaja A，Mian A. Do Lenders Favor Politically Connected Firms？Rent Provision in an Emerging Financial Market［J］. Quarterly Journal of Economics，2005，120：1371—1411.

［68］ Gonzalez X，Jaumandreu J，Pazo C. Barriers to Innovation and Subsidy Effectiveness［J］. Rand Journal of Economics，2005，36(4).

［69］ González X，Pazó C. Do Public Subsidies Stimulate Private R&D Spending？ ［J］. Research Policy，2008，37(3).

［70］ Wolf GB，Reinthaler V. The Effectiveness of Subsidies Revisited Accounting for Wage and Employment Effects in Business R&D［J］. Research Policy，2008，37(8).

［71］ Aerts K，Schmidt T. Two for the Price of One Additionality Effects of R&D Subsidies：A Comparison between Flanders and Germany［J］. Research Policy，2008，37.

［72］ Elston JA，Audretsch DB. Financing the Entrepreneurial Decision：an Empirical Approach Using Experimental Data on Risk Attitudes［J］. Small Business Economics，2011，36(2).

［73］ 姜宁，黄万.政府补贴对企业 R&D 投入的影响——基于我国高技术产业的实证研究［J］.科学学与科学技术管理,2010,7.

［74］ 李汇东,唐跃军,左晶晶.用自己的钱还是用别人的钱创新？——基于中国上市公司融资结构与公司创新的研究［J］.金融研究,2013,2.

［75］ 许国艺,史永,杨德伟.政府研发补贴的政策促进效应研究［J］.软科学,2014,9.

〔76〕 Abrams BA, Schmitz MD. The "Crowding-out" Effect of Governmental Transfers on Private Charitable Contributions〔J〕. Public Choice, 1978, 33(1).

〔77〕 Andreoni J, Payne A, Smith S. Do Grants to Charities Crowd out Other Income: Evidence from the UK〔J〕. Journal of Public Economics, 2014, 114.

〔78〕 Scharf K. Impure Pro-Social Motivation in Charity Provision: Warm-Glow Charities and Implications for Public Funding〔J〕. Journal of Public Economics, 2014, 114.

〔79〕 Khanna N, Poulsen AB. Managers of Financially Distressed Firms-Villains or Scapegoats〔J〕. Journal of Finance, 1995, 50(3).

〔80〕 Okten C, Weisbrod BA. Determinants of Donations in Private Nonprofit Markets〔J〕. Journal of Public Economics, 2000, 75(2).

〔81〕 Herzer D, Nunnenkamp P. Private Donations, Government Grants, Commercial Activities, and Fund-Raising: Cointegration and Causality for NGOs in International Development Cooperation〔J〕. World Development, 2013, 46.

〔82〕 Duran X. The First U.S. Transcontinental Railroad: Expected Profits and Government Intervention〔J〕. Journal of Economic History, 2013, 73(1).

〔83〕 Gorg H, Strobl E. The Effect of R&D Subsidies on Private R&D〔J〕. Economica, 2007, 74(294).

〔84〕 Clausen TH. Do Subsidies Have Positive Impacts on R&D and Innovation Activities at the Firm Level〔J〕. Structural Change and Economic Dynamics, 2009, 20(4).

〔85〕 Czarnitzki D, Lopes-Bento C. Value for Money? New Microeconometric Evidence on Public R&D Grants in Flanders〔J〕. Research Policy, 2013, 42(1).

〔86〕 Payne AA. Does the Government Crowd out Private Donations? New Evidence from a Sample of Non-Profit Firms〔J〕. Journal of Public Economics, 1998, 69(3).

〔87〕 Horne C, Johnson J, Slyke DV. Do Charitable Donors Know Enough and

Care Enough about Government Subsidies to Affect Private Giving to Non-profit Organizations? [J]. Nonprofit and Voluntary Sector Quarterly，2005，34(1).

[88] De Long JB，Summers LH. Equipment Investment and Economic Growth [J]. The Quarterly Journal of Economics，1991，106(2).

[89] Hu AG. Ownership，Government R&D，Private R&D，and Productivity in Chinese Industry[J]. Journal of Comparative Economics，2001，29(1).

[90] Huang C-H. Tax Credits and Total Factor Productivity：Firm-Level Evidence from Taiwan[J]. Journal of Technology Transfer，2015，40(6).

[91] Skuras D，Tsekouras K，Dimara E，et al. The Effects of Regional Capital Subsidies on Productivity Growth：A Case Study of the Greek Food and Beverage Manufacturing Industry[J]. Journal of Regional Science，2006，46(2).

[92] Girma S，Gorg H，Strobl E. The Effects of Government Grants on Plant Survival：A Micro-Econometric Analysis[J]. International Journal of Industrial Organization，2007，25(4).

[93] Girma S，Gorg H，Strobl E. The Effect of Government Grants on Plant-Level Productivity[J]. Economics Letters，2007，94(3).

[94] 任曙明，吕镯.融资约束、政府补贴与全要素生产率——来自中国装备制造企业的实证研究[J].管理世界，2014，11.

[95] Harris R，Trainor M. Capital Subsidies and Their Impact on Total Factor Productivity：Firm-Level Evidence from Northern Ireland[J]. Journal of Regional Science，2005，45(1).

[96] Criscuolo C，Martin R，Overman H，et al. The Causal Effects of an Industrial Policy[J]. Social Science Electronic Publishing，2012.

[97] Lee JW. Government Interventions and Productivity Growth[J]. Journal of Economic Growth，1996，1(3).

[98] Beason R，D. E. Weinstein. Growth，Economies of Scale，and Targeting in Japan(1955—1990)[J]. The Review of Economics and Statistics，1996，78(2).

[99] Harris R，Robinson C. Industrial Policy in Great Britain and Its Effect on

Total Factor Productivity in Manufacturing Plants, 1990—1998[J]. Scottish Journal of Political Economy, 2004, 51(4).

[100] Bernini C, Pellegrini G. How are Growth and Productivity in Private Firms Affected by Public Subsidy? Evidence from a Regional Policy[J]. Regional Science and Urban Economics, 2011, 41(3).

[101] Cerqua A, Pellegrini G. Do Subsidies to Private Capital Boost Firms' Growth? A Multiple Regression Discontinuity Design Approach[J]. Journal of Public Economics, 2014, 109.

[102] 周方召,仲深,王雷.财税补贴、风险投资与高新技术企业的生产效率——来自中国物联网板块上市公司的经验证据[J].软科学,2013,3

[103] 徐保昌,谢建国.政府质量、政府补贴与企业全要素生产率[J].经济评论,2015,4.

[104] 张继袖,陆宇建.控股股东、政府补助与盈余质量[J].财经问题研究,2007,4.

[105] 陆国庆,王舟,张春宇.中国战略性新兴产业政府创新补贴的绩效研究[J].经济研究,2014,7.

[106] 任曙明,张静.补贴、寻租成本与加成率——基于中国装备制造企业的实证研究[J].管理世界,2013,10.

[107] Zhang HM, Li LS, Zhou DQ, et al. Political Connections, Government Subsidies and Firm Financial Performance: Evidence from Renewable Energy Manufacturing in China[J]. Renewable Energy, 2014, 63.

[108] 周霞.我国上市公司的政府补助绩效评价——基于企业生命周期的视角[J].当代财经,2014,2.

[109] Pahnke EC, Katila R, Eisenhardt KM. Who Takes You to the Dance? How Partners' Institutional Logics Influence Innovation in Young Firms[J]. Administrative Science Quarterly, 2015, 60(4).

[110] 白俊红,李婧.政府R&D资助与企业技术创新——基于效率视角的实证分析[J].金融研究,2011,6.

[111] 邹彩芬,刘双仆,谢琼.市场需求、政府补贴与企业技术创新关系研究[J].统计与决策,2014,9.

[112] 王宇,刘志彪.补贴方式与均衡发展:战略性新兴产业成长与传统产业调整

[J].中国工业经济,2013,8.

[113] 巫强,刘蓓.政府研发补贴方式对战略性新兴产业创新的影响机制研究[J].产业经济研究,2014,6.

[114] 曹建海,邓菁.补贴预期、模式选择与创新激励效果——来自战略性新兴产业的经验证据[J].经济管理,2014,8.

[115] 韩民春,曹玉平.外部经济效应与政府研发补贴的效率[J].管理科学,2013,2:110—120.

[116] 邵传林.制度环境、财政补贴与企业创新绩效——基于中国工业企业微观数据的实证研究[J].软科学,2015,9.

[117] 杨洋,魏江,罗来军.谁在利用政府补贴进行创新？所有制和要素市场扭曲的联合调节效应[J].管理世界,2015,1.

[118] Skuras D, Dimara E, Stathopoulou S. Capital Subsidies and Job Creation in Rural Areas: A Greek Case Study[J]. International Journal of Manpower, 2003, 24(8).

[119] Roper S, Hewitt-Dundas N. Grant Assistance and Small Firm Development in Northern Ireland and the Republic of Ireland[J]. Scottish Journal of Political Economy, 2001, 48(1).

[120] Girma S, Gorg H, Strobl E, et al. Creating Jobs through Public Subsidies: An Empirical Analysis[J]. Labour Economics, 2008, 15(6).

[121] Gorg H, Henry M, Strobl E. Grant Support and Exporting Activity[J]. Review of Economics and Statistics, 2008, 90(1).

[122] Arkolakis C. Market Penetration Costs and the New Consumers Margin in International Trade[J]. Journal of Political Economy, 2010, 118(6).

[123] Navas A, Sala D. Innovation and Trade Policy Coordination: The Role of Firm Heterogeneity[J]. World Economy, 2015, 38(8).

[124] 苏振东,洪玉娟,刘璐瑶.政府生产性补贴是否促进了中国企业出口？基于制造业企业面板数据的微观计量分析[J].管理世界,2012,5.

[125] Bernard A, Jensen J. Why Some Firms Export[J]. Review of Economics and Statistics, 2004, 86(2).

[126] 殷枫,许颖星.上市公司政府补助与出口行为的关系研究——基于股权性质

与制度环境的视角[J].经济问题探索,2012,5.

[127] Banno M, Piscitello L, Varum CA. The Impact of Public Support on SMEs' Outward FDI: Evidence from Italy[J]. Journal of Small Business Management, 2014, 52(1).

[128] 周世民,盛月,陈勇兵.生产补贴、出口激励与资源错置:微观证据[J].世界经济,2014,12.

[129] 张杰,翟福昕,周晓艳.政府补贴、市场竞争与出口产品质量[J].数量经济技术经济研究,2015,4.

[130] Li W, Yan Z, Sun W. The Effect of Antidumping and Countervailing Investigations on the Market Value of Firm[J]. International Review of Financial Analysis, 2014, 36.

[131] 李婉丽,鄢姿俏.反倾销调查和反补贴调查应对措施的有效性研究[J].会计研究,2014,(4).

[132] Rivera-Lirio JM, Munoz-Torres MJ. The Effectiveness of the Public Support Policies for the European Industry Financing as a Contribution to Sustainable Development[J]. Journal of Business Ethics, 2010, 94(4).

[133] Baccini L, Li Q, Mirkina I. Corporate Tax Cuts and Foreign Direct Investment[J]. Journal of Policy Analysis and Management, 2014, 33(4).

[134] Sheehan M. Government Financial Assistance and Manufacturing Investment in Northern-Ireland[J]. Regional Studies, 1993, 27(6).

[135] Busom I, Fernández-Ribas A. The Impact of Firm Participation in R&D Programmes on R&D Partnerships[J]. Research Policy, 2008, 2008(37).

[136] Vermeer TE, Raghunandan K, Forgione DA. The Composition of Nonprofit Audit Committees[J]. Accounting Horizons, 2006, 20(1).

[137] Tate SL. Auditor Change and Auditor Choice in Nonprofit Organizations[J]. Auditing: A Journal of Practice and Theory, 2007, 26(1).

[138] Gaver JJ, Im SM. Funding Sources and Excess CEO Compensation in Not-for-Profit Organizations[J]. Accounting Horizons, 2014, 28(1).

[139] Andreoni J, Payne AA. Do Government Grants to Private Charities Crowd out Giving or Fund-Raising? [J]. American Economic Review, 2003,

93(3).

[140] Meuleman M，De Maeseneire W. Do R&D Subsidies Affect SMEs' Access to External Financing？[J]. Research Policy，2012，41(3).

[141] Lerner J. When Bureaucrats Meet Entrepreneurs：The Design of Effective Public Venture Capital Programmes[J]. Economic Journal，2002，112(477).

[142] 王文华，张卓.金融发展、政府补贴与研发融资约束——来自 A 股高新技术上市公司的经验证据[J].经济与管理研究，2013，11.

[143] 逯东，孟子平，杨丹.政府补贴、成长性和亏损公司定价[J].南开管理评论，2010，2.

[144] 高艳慧，万迪昉，蔡地.政府研发补贴具有信号传递作用吗？基于我国高技术产业面板数据的分析[J].科学学与科学技术管理，2012，1.

[145] Busom I. An Empirical Evaluation of the Effects of R&D Subsidies[J]. Economics of Innovation and New Technology，2000，9(2).

[146] Almus M，Czarnitzki D. The Effects of Public R&D Subsidies on Firms' Innovation Activities：The Case of Eastern Germany[J]. 2003，21(2).

[147] Blanes JW，Busom I. Who Participates in R&D Subsidy Programs? The Case of Spanish Manufacturing Firms[J]. Research Policy，2004，33(10).

[148] Petrovits C，Shakespeare C，Shih A. The Causes and Consequences of Internal Control Problems n Nonprofit Organizations[J]. Accounting Review，2011，86(1).

[149] Czarnitzki D，Licht G. Additionality of Public R&D Grants in a Transition Economy：The Case of Eastern Germany[J]. Economics of Transition，2005，14(1).

[150] Bannò M，Sgobbi F. Firm Participation in Financial Incentive Programmes：The Case of Subsidies for Outward Internationalisation[J]. Journal of Policy Modeling，2010，32(6).

[151] De Maeseneire W，Claeys T. SMEs，Foreign Direct Investment and Financial Constraints：The Case of Belgium[J]. International Business Review，2011，21(3).

[152] 张洪辉.上市公司的财政补贴："雪中送炭"还是"锦上添花"？[J].经济评论，

2015，2.

[153] Devereux MP，Griffith R，Simpson H. Firm Location Decisions，Regional Grants and Agglomeration Externalities[J]. Journal of Public Economics，2007，91(3—4).

[154] Claessens S，Feijen E，Laeven L. Political Connections and Preferential Access to Finance：The role of Campaign Contributions[J]. Journal of Financial Economics，2008，88(3)：554—580.

[155] Fan JPH，Rui OM，Zhao M. Public Governance and Corporate Finance：Evidence from Corruption Cases[J]. Journal of Comparative Economics，2008，36(3).

[156] Firth M，Lin C，Liu P，et al. Inside the Black Box：Bank Credit Allocation in China's Private Sector[J]. Journal of Banking and Finance，2009，33(6).

[157] Malesky EJ，Taussig M. Where Is Credit Due？Legal Institutions，Connections，and the Efficiency of Bank Lending in Vietnam[J]. Journal of Law Economics & Organization，2009，25(2).

[158] 吴文锋,吴冲锋,芮萌.中国上市公司高管的政府背景与税收优惠[J].管理世界,2009,3.

[159] Cull R，Xu L. Institutions，Ownership，and Finance：The Determinants of Profit Reinvestment among Chinese Firms[J]. Journal of Financial Economics，2005，77(1).

[160] 张敏,马黎珺,张雯.企业慈善捐赠的政企纽带效应——基于我国上市公司的经验证据[J].管理世界,2013,7.

[161] Lu J. Which Nonprofit Gets More Government Funding？Nonprofits' Organizational Attributes and Their Receipts of Government Funding [J]. Nonprofit Management & Leadership，2015，25(3).

[162] Shaw MM. Successful Collaboration between the Nonprofit and Public Sectors [J]. Nonprofit Management and Leadership，2003，14(1).

[163] Goldsmith S，Eggers WD. Governing by Network：The New Shape of the Public Sector[M]. Washington，DC：Brookings Institution Press，2004.

[164] 肖兴志,王伊攀.政府补贴与企业社会资本投资决策——来自战略性新兴产

业的经验证据[J].中国工业经济,2014,9.

[165] Yan Z, Li W, Sun W. The Dysfunctional Responses to Political Connections: Experiences and Challenges in the Development of the Chinese Capital Market. Palgrave Macmillan: London, 2015.

[166] Chen CJ, Ding Y, Kim C. High-Level Politically Connected Firms, Corruption, and Analyst Forecast Accuracy around the World[J]. Journal of International Business Studies, 2010, 41(9).

[167] Fan JPH, Wong TJ, Zhang T. Politically Connected CEOs, Corporate Governance, and Post-IPO Performance of China's Newly Partially Privatized Firms[J]. Journal of Financial Economics, 2007, 84(2).

[168] Goldman E, Rocholl J, So J. Do Politically Connected Boards Affect Firm Value? [J]. Review of Financial Studies, 2009, 22(6).

[169] Gomez ET, Jomo KS. Malaysia's Political Economy: Politics, Patronage and Profits[M]. Cambridge: Cambridge University Press, 1997.

[170] Gul F. Auditors' Response to Political Connections and Cronyism in Malaysia [J]. Journal of Accounting Research, 2006, 44(5).

[171] Berkman H, Cole RA, Fu LJ. Political Connections and Minority-shareholder Protection: Evidence from Securities-Market Regulation in China [J]. Journal of Financial and Quantitative Analysis, 2010, 45(6).

[172] Ferguson T, Voth HJ. Betting on Hitler: The Value of Political Connections in Nazi Germany[J]. Quarterly Journal of Economics, 2008, 123(1).

[173] Cooper MJ, Gulen H, Ovtchinnikov AV. Corporate Political Contributions and Stock Returns[J]. Journal of Finance, 2010, 65(2).

[174] Leuz C, Oberholzer-Gee F. Political Relationships, Global Financing, and Corporate Transparency: Evidence from Indonesia[J]. Journal of Financial Economics, 2006, 81(2).

[175] Fisman R. Estimating the Value of Political Connections[J]. American Economic Review, 2001, 91(4).

[176] Van Slyke DM. The Mythology of Privatization in Contracting for Social Services[J]. Public Administration Review, 2003, 63(3).

[177] Suárez DF. Collaboration and Professionalization：The Contours of Public Sector Funding for Nonprofit Organizations[J]. Journal of Public Administration Research and Theory，2011，21(2).

[178] Takalo T，Tanayama T，Toivanen O. Estimating the Benefits of Targeted R&D Subsidies[J]. Review of Economics and Statistics，2013，95(1).

[179] 王红建,李青原,邢斐.金融危机、政府补贴与盈余操纷——来自中国上市公司的经验证据[J].管理世界,2014，7.

[180] 肖兴志,王伊攀.战略性新兴产业政府补贴是否用在了"刀刃"上？——基于254家上市公司的数据[J].经济管理,2014，4.

[181] 蒋艳,田昆儒.国有控股上市公司内部特征、政府补助与会计稳健性[J].审计与经济研究,2013，1.

[182] Harris E，Petrovits CM，Yetman MH. The Effect of Nonprofit Governance on Donations：Evidence from the Revised Form 990 [J]. Accounting Review，2015，90(2).

[183] Khanna J，Sandler T. Partners in Giving：The Crowding-in Effects of UK Government Grants[J]. European Economic Review，2000，44(8).

[184] 潘越,戴亦一,李财喜.政治关联与财务困境公司的政府补助——来自中国ST公司的经验证据[J].南开管理评论,2009,12(5).

[185] 许罡,朱卫东,张子余.财政分权、企业寻租与地方政府补助——来自中国资本市场的经验证据[J].财经研究,2012，12.

[186] 步丹璐,郁智.政府补助给了谁:分布特征实证分析——基于2007—2010年中国上市公司的相关数据[J].财政研究,2012，8.

[187] Angel Z-VJ，Alonso-Borrego C，Forcadell FJ. Assessing the Effect of Public Subsidies on Firm R&D Investment：A Survey[J]. Journal of Economic Surveys，2014，28(1).

[188] David A，Hall H，Toole A. Is Public R&D a Complement or Substitute for Private R&D? A Review of the Econometric Evidence[J]. Research Policy，2000，29.

[189] Hall B. The Financing of Research and Development[J]. Oxford Review of Economic Policy，2002，18(1).

[190] Spence AM. Cost Reduction, Competition, and Industry Performance[J]. Econometrica, 1984, 52(1).

[191] Griliches Z. The Search for R&D Spillovers[J]. Scandinavian Journal of Economics, 1992, 94.

[192] Storey D, Tether B. New Technology-Based Firms in the European Union: An Introduction[J]. Research Policy, 1998, 26(9).

[193] Storey D, Tether B. Public Policy Measures to Support New Technology Based Firms in the European Union[J]. Research Policy, 1998, 26(9).

[194] 海江涛,仲伟俊.政府提供公共产品的技术替代——以城市污水处理系统为例[J].软科学,2015,8.

[195] Begg I. European Integration and Regional Policy[J]. Oxford Review of Economic Policy, 1989, 5(2).

[196] Tsoukalis L. Regional Policies and Redistribution[M]. Cheltenham, 1993.

[197] Narayanan V, Pinches G, Kelm K, et al. The Influence of Voluntarily Disclosed Qualitative Information[J]. Strategic Management Journal, 2000, 21(7).

[198] Harhoff D, Körting T. Lending Relationships in Germany-Empirical Evidence from Survey Data[J]. Journal of Banking and Finance, 1998, 22 (10—11).

[199] Akerlof GA. The Market For "Lemons": Quality Uncertainty and the Market Mechanism[J]. Quarterly Journal of Economics, 1970, 84(3).

[200] Leland R, Pyle D. Informational Asymmetries, Financial Structure, and Financial Intermediation[J]. Journal of Finance, 1977, 32(2).

[201] Myers SC, Majluf NS. Corporate Financing and Investment Decisions When Firms Have Information that Investors Do Not Have[J]. Journal of Financial Economics, 1984, 13(2).

[202] Klette TJ, Moen J, Griliches Z. Do Subsidies to Commercial R&D Reduce Market Failures? Microeconometric Evaluation Studies[J]. Research Policy, 2000, 29(4—5).

[203] Olson M. The Logic of Dollective Action[M]. Cambridge: Harvard Univer-

sity Press，1965.

[204] Eisinger PK. The Rise of the Entrepreneurial State： State and Local Economic Development Policy in the United States[M]. Madison： University of Wisconsin Press，1988.

[205] Arrow KJ. Uncertainty and the Welfare Economics of Medical-Care[J]. American Economic Review，1963，53(5).

[206] Tullock G. The Welfare Costs of Tariffs，Monopolies，and Theft[J]. Economic Inquiry，1967，5(3).

[207] Krueger AO. The Political Economy of the Rent-Seeking Society[J]. American Economic Review，1974，64(3).

[208] Allen F，Qian J，Qian MJ. Law，Finance，and Economic Growth in China [J]. Journal of Financial Economics，2005，77(1).

[209] Girma S，Gong YD，Gorg H，et al. Can Production Subsidies Explain China's Export Performance? Evidence from Firm Level Data[J]. Scandinavian Journal of Economics，2009，111(4).

[210] Jian M，Wong T. Propping through Related Party Transactions[J]. Review of Accounting Studies，2010，15(1).

[211] Cheng P，Aerts W，Jorissen A. Earnings Management，Asset Restructuring，and the Threat of Exchange Delisting in an Earnings-Based Regulatory Regime[J]. Corporate Governance： An International Review，2010，18(5).

[212] Boubakri N，Cosset JC，Saffar W. Political Connections of Newly Privatized Firms[J]. Journal of Corporate Finance，2008，14(5).

[213] Chaney P，Faccio M，Parsley D. The Quality of Accounting Information in Politically Connected Firms[J]. Journal of Accounting and Economics，2011，51(1—2).

[214] Jensen MC. Agency Costs of Free Cash Flow，Corporate-finance，and Takeovers[J]. American Economic Review，1986，76(2).

[215] Myers SC. The Capital Structure Puzzle[J]. Journal of Finance，1984，39(3).

[216] Stulz R. Managerial Discretion and Optimal Financing Policies[J]. Journal of Financial Economics，1990，26(1).

[217] Zwiebel J. Dynamic Capital Structure under Management Entrenchment[J]. American Economic Review，1996，86(5).

[218] 张俊瑞,赵进文,张建.高级管理层激励与上市公司经验绩效相关性的实证分析[J].会计研究,2003，9.

[219] Jackson S，Lopezk T，Reitenga A. Accounting Fundamental and CEO Bonus Compensation[J]. Journal of Accounting and Public Policy，2008，27(5).

[220] 辛清泉,谭伟强.市场化改革、企业业绩与国有企业经理薪酬[J].经济研究，2009,11.

[221] Francis J，LaFond R，Olson P，et al. The Market Pricing of Accrual Quality [J]. Journal of Accounting & Economics，2005，39(2).

[222] Charumilind C，Kali R，Wiwattanakantang Y. Connected Lending：Thailand before the Financial Crisis[J]. Journal of Business，2006，79.

[223] 喻坤,李治国,张晓蓉,等.企业投资效率之谜:融资约束假说与货币政策冲击[J].经济研究,2014，5.

[224] Dechow PM，Sloan RG，Sweeney AP. Detecting Earnings Management[J]. Accounting Review，1995，70(2).

[225] 姜付秀,陆正飞.多元化与资本成本的关系——来自中国股票市场的证据[J].会计研究,2006，6.

[226] 林钟高,郑军,卜继栓.环境不确定、多元化经营与资本成本[J].会计研究,2015，2.

[227] 孙涛涛,唐小利,李越.核心专利的识别方法及其实证研究[J].图书情报工作,2012，4.

[228] 杨祖国,李文兰.中国专利引文分析研究[J].情报科学,2005，5.

[229] 孟宇,牛媛媛.RFID 相关技术专利分析(二)[J].中国电子商情,2006，6.

[230] 周黎安,陶婧.政府规模、市场化与地区腐败问题研究[J].经济研究,2009，1.

[231] 聂辉华,张彧,江艇.中国地区腐败对企业全要素生产率的影响[J].中国软科学,2014，5.

[232] 李后建,张宗益.地方官员任期、腐败与企业研发投入[J].科学学研究,2014，5.

图书在版编目(CIP)数据

政府补助、企业财务绩效与行为额外性/鄢姿俏著
.—上海:格致出版社:上海人民出版社,2019.11
(新时代会计理论与实践创新系列专著)
ISBN 978 - 7 - 5432 - 3064 - 4

Ⅰ.①政…　Ⅱ.①鄢…　Ⅲ.①上市公司-政府补贴-
研究-中国　Ⅳ.①F279.246

中国版本图书馆 CIP 数据核字(2019)第 219281 号

责任编辑　王　萌
封面设计　路　静

新时代会计理论与实践创新系列专著
政府补助、企业财务绩效与行为额外性
鄢姿俏 著

出　　版　格致出版社
　　　　　　上海 人 民 出 版 社
　　　　　　(200001　上海福建中路 193 号)
发　　行　上海人民出版社发行中心
印　　刷　常熟市新骅印刷有限公司
开　　本　720×1000　1/16
印　　张　10.5
插　　页　2
字　　数　174,000
版　　次　2019 年 11 月第 1 版
印　　次　2019 年 11 月第 1 次印刷
ISBN 978 - 7 - 5432 - 3064 - 4/F・1258
定　　价　52.00 元